1万回生きたネコが教えてくれた

幸せなFIRE

ヒトデ

徳間書店

プロローグ

本当にFIREしたいと思っていますか?

「智也さん。ＦＩＲＥについて、真剣にお考えになっていらっしゃいますか？」

僕は、説教をされていた。ネコに。

窓から差し込む柔らかな午後の陽光が自室いっぱいに広がり、その中でもいっそう日当たりのいいベッドの上で、そのネコはしなやかな体をゆっくりと伸ばした。ふかふかの銀色の毛並みが陽光に照らされ輝いている。その毛はまるで絹のように滑らかで、一本一本が柔らかい光を反射していた。

しかしその優雅な様子とは対照的に、ベッドの周りは物置の棚が倒れ、ティッシュ箱や目覚まし時計、空のペットボトルがそこら中に散乱している。

そして僕はというと、その物が散乱しているフローリングの床で、正座をしていた。背筋を伸ばし、両手を太ももの上に置いて姿勢を保っているが、慣れない姿勢と床の硬さに、両足は痺《しび》れを感じている。

優雅にノビを終えたネコは、言葉を続けた。

「智也さん、本当にＦＩＲＥしたいと思っていますか？」

「はい。それはもう、その通り」

「では、もっと真剣に考える必要があるんじゃないですか？」

「……はい」

確かに、真剣に考える必要があるだろう。でもそれは、FIREについてではなく、この状況についてである。

なぜ、自分はネコに説教をされているのだろう？

それも、正座で……。

CONTENTS

夢じゃない？

投資だけではＦＩＲＥできない

ＦＩＲＥ失敗パターン：西村賢一（35歳）男性

会社員生活から抜け出すために

資産を守りたい

もう取り返しがつかない

早く決断することができるか？

ＦＩＲＥ失敗パターン：伊藤真司（38歳）男性

資産５０００万円でも……

市場が大暴落

神のみぞ知る

第2章

仕事を頑張らずにＦＩＲＥする方法

第3章

ちゃんと「頑張って」ますか？
もっとリスクを

最も安定するFIREの方法は結局「仕事」

小鉄を探して
前向きな姿勢
リスクは仕事で取る
失敗したらどうしよう
諦めるか、次の道を探すか

ＦＩＲＥ成功パターン：星野健太郎（29歳）男性

アフィリエイトブログでＦＩＲＥ

副業のために本業を効率化

見事な定時ダッシュ

月収１００万円超え

圧倒的なハードワーク

いりこ出汁のうどん

僕にできること

不動産投資でＦＩＲＥ

ＦＩＲＥ成功パターン：藤林拓海（33歳）男性

出社前からめちゃくちゃ働く

並々ならぬ努力と時間管理

ＦＩＲＥ達成者が多い不動産投資

楽にＦＩＲＥできると思ったら、それは詐欺

第4章 そもそもＦＩＲＥって本当に必要？

副業で得た初めての収入

大羽《おおば》の伊吹いりこ

余命１ヶ月のネコ

ＦＩＲＥ失敗パターン：星野健太郎（30歳）男性

二度と仕事なんてしない

心を侵食する空虚感

第5章

ニンゲンの幸せ

「ネコの幸せ」と「ニンゲンの幸せ」
ニンゲンの本能
きみの仕事は誰のため？
大切なのは「自分がやりたいと思える仕事」
ネコとはそういうものなので
仕事を楽しいものに変える
自分がやりたい仕事はどう見つける？
僕がついやってしまうこと
自分の内側に焦点を当てる

第1章

投資だけでは FIREできない

終わらない説教

その日は最悪だった。

オフィスの空気はピリつき、上司の機嫌は悪い。そんな中、僕は3連続でミスをやらかした。メールに添付するはずだったファイルを添付し忘れ、簡単なデータ入力の作業を間違え、会議の議事録にも誤字が多数見られた。

原因はわかっている。睡眠不足だ。

最近、人手に対して業務量が多すぎる。社内の制度が改正されて業務が増えているのに、人が減った。先輩が1人辞めたけれど、新しく人が補充されない。行きつく先は長時間労働だ。新卒で入って3年目になるが、こんなに忙しいのははじめてだ。

その疲れから注意力が散漫になってしまい、それによって業務が遅れるという負のループにハマっていた。

そして今回も、上司である課長の上田《うえだ》に、こっぴどく叱られている。

「こんなこともできないのか」「本当はやる気がないんだろう?」「お前のせいでみんなに迷惑がかかってる」「少しは頭を使えないのか?」「お前ってほんと使えないな」

指導というよりも、半分暴言のような、憂《う》さ晴《ば》らしのような時間が続く。おそらく僕以上の長時間労働でストレスが溜まっているのだろう。もちろんミスをしたのは自分で、悪いのも自分だ。しかし、こんなことをしている間にも業務は止まっている。ただでさえやることが多いのに、かれこれ20分も説教は続いている。まだ続くのだろうか……。時計をチラチラと見ていたら、課長の怒号が強まった。

「おい！　聞いてるのか！」

もちろんこの態度は火に油で、いつにもまして怒られ、当然その間は業務も止まり、たっぷりと残業をする羽目になった。

なんとか抜け出したい

「はぁ、会社に隕石が降ってきて、全部粉々にならないかな」

帰りの電車の中で僕は天に祈った。タイミングは夜がいい。誰かが亡くなってしまっては寝覚めが悪いからだ。深夜、気づかぬうちに巨大隕石がピンポイントで弊社を貫《つらぬ》くのだ。

朝、出社しようと会社へ来たら、そこにはデカいクレーターしかない。あの忌々《いまいま》しい建物が、全て跡形なく消え去る。これには全員びっくり仰天だ。社長も役員も部長もみんな目を見開いて唖然《あぜん》とするしかない。でもまあ、落ちちゃったもんはしゃーないですから、一旦今日のところは帰りましょうよ。ね？

そんな感じで、なぁなぁで会社がなくなる。その後、突然会社を失ってかわいそうな僕に、補償金的なものがたくさん入る。これは、理想だ。しかし、どうにも実現確率が低すぎる。

妄想ばかりしていても仕方ないのはわかっているが、そんなことを考えずにはいられなかった。

こんなふうに言うと、よっぽど酷《ひど》い会社に勤めていると思われるかもしれないけれど、今の僕の勤め先はブラック企業と呼ばれるものではない。創業50年を超える歴史のある大企業で、社員数は１０００名を超える。僕はそこで経理をしている。

そりゃ残業もあるけれど、残業代はきっちり出るし、将来も安泰と言われている。それなりに名の知れた企業から内定が出たと言ったとき、親もすごく喜んでいた。今は決して給料がいいとは言えないが、それも少なからず上がっていくだろう。

それでも、僕は今の仕事が息苦しくて仕方がなかった。とんでもなく古い慣習に年功序列。未だに手書き書類も多いし、効率化の提案をしても「余計なことはしなくていい」と一蹴されてしまう。そして、実際の業務の進行度合いとは関係なく、上司よりも早く帰ったら評価を下げられるという始末だ。

このまま何もしなかったら、定年まで数十年間この日々が続く。今の会社の上司の姿が、将来の自分の姿だ。そう思うと、心の底からゾッとした。自分の人生、そんなことでいいはずがない。なんとかして、抜け出したい。

僕の今の希望の光が「ＦＩＲＥ」だ。経済的自立をして、早期退職をするのだ。これで、今の生活から抜け出してみせる。毎月5万円積み立てている証券口座の残高が増えていくことだけが、僕の癒《い》やしだった。

このＦＩＲＥの達成を早めるためにも、家に帰ったら勉強をしよう。今のまま人生が終わるなんて、絶対に嫌だ。

せめて木曜だったら

心身ともに疲弊《ひへい》した僕は、なんとか自宅までたどり着いた。

ちなみに、酔っ払っている。どうしても我慢できなくて、駅から自宅までの間に、缶ビールを一本空《あ》けてしまった。

着替える余力もなく、そのままベッドに倒れ込む。先程までの決意はどこにいってしまったのか、何ひとつやる気がおきないでいた。

視線を向けたテーブルの上には、半年前に買って3回しか開いていない副業本『完全攻略せどりマニュアル～誰でも楽々月10万円～』が置かれている。買ったときは頑張ろうと思っていたのに、成果も全く出せないまま、今となっては風景として完全に馴染《なじ》んでいる。なんならツルツルとした表紙がほどよくて、マウスパッドとして使われている。

そして僕は、当たり前の事実に絶望するのである。

「え、もしかして、明日も仕事……？」

当然、その通り。

一縷《いちる》の望みをかけてスマホの画面を表示する。もちろん今日が金曜日だとは言わない。せめて木曜日。木曜日であってくれ……。もう1日なら、頑張れる。「明日は休み」の力で、踏ん張れる。頼む……!!

“5／15（火）”

火曜日かよ、終わった。

「いや、無理すぎる……」

こんなことを言っても始まらないことはわかっている。今の状況から抜け出したいなら、そのための努力をすべきだろう。そんなことはわかってる。わかってるけど、できないから困っているんだ。

よせばいいのに、寝転んだままスマホでショート動画を見始めてしまった。早くシャワーを浴びて、自分を高めるための勉強や、スキルアップ、個人で稼ぐための副業をするべきだし、それをやらないなら眠るべきだ。にもかかわらず、着替えもしないままダラダラとショート動画を見ている。

こういうときに見るのは動物系の動画がいい。ネコがおこしたハプニング集なんて最高だ。ろくに内容も頭に入らないまま、ひたすら画面をスワイプしている。寝たほうがいい。そんなことはわかってる。でも、寝たら明日が始まるじゃないか。そんなのってないだろう。そんなのって、あんまりじゃないか。

結局「退役軍人が数年ぶりに家に帰ると、愛犬が飼い主のことを覚えていて感動の再会を果たすタイプの動画」を見漁って号泣しているうちに、いつの間にか眠ってしまっていた。

フィーバータイム

そして、目が覚めると、10時50分だった。我が社の始業時間は、9時である。壁掛け時計を二度見したが、何度見ても10時50分だ。いや、たった今51分になった。

サッと血の気が引いた。頼むから、夢であってくれ。起きたと思ったら、実はまだ夢だったタイプの夢であってくれ……。

しかし、昨日と全く変わらない部屋の情景が、それを否定する。遅刻ギリギリに起きたならまだしも、始業から2時間近くも経過している今、「遅刻だー!」と勢いよく飛び起きることすらできなかった。

さすがに昨日の今日でこれはまずい。本当にまずい。

いつの間にか床に落ちていたスマホを確認するのが怖い。しかし、放置するわけにもいかない。震える手でそっとスマホに手を伸ばし、通知を確認しようとするも、画面は真っ暗だった。昨日、充電しないまま寝落ちをしたせいで、そのまま電池切れをおこしたらしい。いつもは8時に鳴るアラームが鳴らなかったのはそのせいだった。

慌てて近くにあったモバイルバッテリーに接続する。この電源がつくまでの1分2分が異常にもどかしい。何度も電源ボタンを長押しする。起動した瞬間に無数の未読メッセージと電話の不在着信の通知が画面に表示され、その光景が凶器のように僕の心をえぐった。

どうすればいいのかわからないまま、スマホ片手にリビングをウロウロしていると、会社の電話番号から着信があった。マナーモードに設定していたスマホが激しく震える。

「ピッ！」

驚きのあまり、よくわからない奇声をあげてしまった。スマホを落としかけたがなんとかキャッチする。それと同時に、画面に指が触れて電話に出てしまった。出ちゃったよ。どうすんだよ。

「おい、佐藤、お前どうした？」

声の主は課長の上田だった。心臓がさらに強く鼓動を打つ。息がうまく吸えないが、何かしゃべらないと。

「か、課長、その、ホント、あの、申し訳……」

「体調不良か？」

タイチョウフリョウ……？　そう、そうそうそう、それ！　それです！　脳内で38度の発熱をシミュレーションする。気だるげで、ちょっと鼻声な感じ。

「はい、申し訳ございません。実は昨日帰宅してからずっと体調が悪く、どうしても出社が難しそうで……」

「そうか。それで、どうするんだ？　休むのか？」

「はい、そうですね。お休み頂けますと、ありがたいです……」

「体調不良は仕方ないが、ちゃんと連絡しろ」

「す、すみません……」

自分でもわかるほど声が震えていたが、それ以上追及されることなく、意外とあっさり電話は切れた。

心の底から、安堵《あんど》の溜め息をついた。まだ心臓はドキドキしているし、冷や汗で背中がビッショリだが、少なくとも今日一日をどうにか乗り切るための言い訳はできた。

「ふぅ……」

僕はその場にへたり込み、しばらくの間そのまま座っていた。ようやく少し落ち着きを取り戻し、今日一日が休みという実感がじわじわと湧《わ》いてきた。自分が突然休んでも問題なく回る会社。特に会社の誰にも必要とされていないやるせなさ。そんな感情が顔を出したりもしたのだが、それ以上に、もっと強い情動が僕を支配した。

「……つまり、フィーバータイムか？」

降って湧いた休み。これよりも楽しいことは人生になかなかない。緊張からの緩和。僕は小躍りしながらるんるん気分でシャワーを浴びて、近くのコンビニに繰り出した。朝食のパンに、お菓子。そして、酒を買う。

帰宅し、テーブルの上にそれらを並べて、宴《うたげ》が始まった。動画配信サイトで前から見たいと思っていた映画を再生しながら、朝食をとり、お菓子を食べ、そして酎ハイを飲む。午前中から飲む酒は美味《うま》いし、最高の気分だった。自由というのは、なんて最高なんだろう。会社に囚《とら》われないだけで、人生はこんなにも楽しい。

時間が経《た》つのも忘れるほど映画に夢中になっていたが、ふとした瞬間、窓の外から優しい声が聞こえてきた。

小鉄との出会い

「パソコンの見すぎは目に悪いですよ」

僕は驚いて振り返った。ベランダの網戸越しに1匹のネコが座っていた。ネコは柔らかな銀色の毛並みを持ち、知的な瞳でこちらを見つめている。屋根伝いにやってきたのだろうか。僕の家は2階にあり、普段はあまり来客がない場所だ。

「ネコ……？」

驚きと喜びが入り交じった声で僕は言った。かわいらしいネコだ。そのネコは優雅に頷《うなず》き、そのまま丁寧な口調で言葉を続けた。

「はい、そうです。あなたがとてもパソコンに集中しているようでしたので、少し心配になりました」

ネコがしゃべってる……。しかも、賢い。

「そんな酒飲んだっけ……？　いや、さすがに……。あ、そっか。夢か！」

「夢じゃないですよ？」

小首を傾《かし》げながら、窓の外のネコは僕を窘《たしな》める。かわいい。さすが夢だ。

僕は幼少期からネコという生き物が大好きだ。可愛い見た目と優雅でしなやかな動き。そして何よりその独立心。彼らはいつだって自由だ。人に甘えたり、遊んだりもするが、自分が満足すれば次の瞬間には手の届かないところに行ってしまう。その気まぐれさが、わがままさが、気高さが、一筋縄ではいかない感じが、たまらなく好きだ。

「よかったらおいで」

ガラガラと網戸を開け放つと、首元の鈴をチリンと鳴らしながら、軽やかな足取りで室内に入ってきた。まるでこの部屋が自分の家であるかのような堂々とした様子だった。そして、自分の存在を誇示するかのように、目いっぱいノビをして、ベッドの上で落ち着いた。

「ご丁寧にどうもありがとうございます」

行儀のいいネコだ。挨拶までしっかりしている。

「名前はなんていうの？」

「わたしは小鉄《こてつ》と申します。オスです。以前の飼い主が、好きな任侠映画の登場人物から名付けたと聞きました」

「いい名前だね。僕は佐藤智也《さとうともや》。小鉄はなんでしゃべれるの？」

「それを説明すると少し長いのですが、よろしいですか？」

小鉄が許可を求めてくる。大歓迎だ。夢だから時間はいくらでもある。僕は「もちろん」と先を促《うなが》した。

「智也さんは、〝100万回生きたねこ〟ってご存知ですか？」

「あー、昔読んだことがあるような」

100万回生きたねこ。確か、有名な絵本だ。内容はぼんやりとしか覚えていないけれど、タイトルの通り1匹のネコが100万回生き返るという不思議なお話だったはずだ。

「あれ、わたしの先輩です」

「ほうほう」

ツッコミどころは多いが、夢にツッコミを入れるのも野暮というものだ。続きを促す。

「わたしは、今ちょうど1万回目の猫生です。何千回も色々な飼い主の元を渡り歩いているうちに、不思議と普通のネコやニンゲンにはできないことができるようになってきました。例えばニンゲンの言葉を理解し、しゃべることができます。実際にお話するのは今回がはじめてですが」

猫生は、人生の猫バージョンか……。などと考えているうちに小鉄は話を続けた。

「1万回も生きていると、色々なことがありますが、少々退屈でもあります。しかし、その中でも〝人の悩み〟というものは興味深いです。ニンゲンは実にくだらないことで悩むものですから」

些細な悩み

むむ。いくら夢の中とはいえ、聞き捨てならないな。

「いやいや、ネコにはわからないかもしれないけれど、人間の悩みっていうのは高度なものなんだよ」

「高度なんですか？」

「そうだよ。人間は複雑な生き物だから」

もちろん、「ネコとは違って」というニュアンスが含まれている。

「それは面白い。智也さんは、どのようなことで悩まれているのですか？」

「それは……やっぱ、FIREしたいってことかな」

言葉に詰まるが、今一番の悩みといえば、まさに仕事のことだ。そしてそれは、FIREさえすれば解決する。FIREで、僕は自由になれるのだ。

「FIRE、つまりFinancial Independence, Retire Early。経済的自由を達成して、早期退職をされたいんですね」

詳しいな……。

悠長に横文字をしゃべるネコに驚きながら（いや日本語でも充分おかしいのだが）、その通りだと首を縦にブンブンと振った。

「それで、FIRE後はどうするんですか？」

「え？　いや、そりゃ誰にも縛られず、自由に過ごすんだよ」

「なるほど。それで？」

「え？　終わりだけど……」

小鉄は首を傾げる。

「些細な悩みのように思えますが」

鼻で笑ったような態度に若干腹を立てた僕は反論する。

「些細なもんか。ＦＩＲＥって大変なんだからな。インデックス投資とかドルコスト平均法とか、４％ルールとか、世界全体の情勢を見て判断しながら、投資をしていく必要があるんだ」

できるだけ悩みが大きく見えるように、最近動画で学んだ横文字を駆使しながら説明するも、小鉄には全く響いていなかった。大きなアクビをしてから、小鉄は言った。

「色々とおっしゃっていただいていますが、要するに毎日ダラダラ自由な暮らしがしたいんですよね？　それって我々ネコの暮らしと同じではありませんか。どの辺りが複雑で高度な悩みなんです？　これまでの飼い主でもＦＩＲＥを目指したり、達成されていた方も多数いらっしゃいますが、そんなに高度なこととは思えません」

「いやいやいや、全然わかってないよ！　そんな簡単な話じゃないし……」

夢じゃない？

と、熱くなりかけたところで、ふと我に返った。何を僕は夢の中のネコに対して必死になっているんだろうと。

「どうされました？」

急に動きが止まった僕の顔を覗《のぞ》き込む小鉄。日本語でしゃべってはいるものの、銀色の柔らかな毛並みは洋風だ。元は海外のネコなのかもしれない。

「いや、夢なんだから、もっと楽しい話がいいなと思って。小鉄の大冒険の話が聞きたいな」

「いやいや、夢じゃないですって」

「いやいやいや、さすがに夢だよこれは」

「違いますって」

夢だと言い張りながらも、実は少しだけ焦っていた。夢というのは、不思議なことがたくさんおこって、段々ふわふわと、わけのわからない世界につながっていく。

しかし、今のところ「ネコがしゃべる」という非日常以外、この世界は全ていつも通りだ。いつもの部屋。いつもの自分。夢のようなふわふわした感覚もないし、試しに自分の頬を抓《つね》ってもしっかり痛い。あまりにリアルすぎるし、整合性が取れすぎているのだ。

「う～ん、信じられないようなので、先程の〝カチョウさん〟という方にお電話かけましょう。夢ですし、いいですよね？」

小鉄の手元にはいつの間にか僕のスマホがあった。肉球で上手に画面をスワイプし、先程の電話の履歴から、会社への発信ボタンがまさに今押されようとしていた。

「うおお、ちょっと待て！」

考えるより先に、反射で体が動いた。ビーチフラッグのようにベッドに飛び込んでスマホを確保する。小鉄はチリンと鈴を鳴らしながら軽やかに身をかわし、僕の背中に着地する。それなりの重みが加わり、僕は「ウッ」と息を漏らした。それと同時に、飛び込んだ衝撃でベッド脇の棚が倒れ、多数の本や置物が僕の頭に降ってきた。

画面を確認すると、幸いまだ発信はされていない。良かった。危ない。助かった。

そして、同時に頭や背中の痛みと衝撃から確信した。

「マジで、夢じゃない……？」

「ずっとそう言ってるのですが……」

「つまり、小鉄くん、君は本当に1万回生きてる人間の言葉がしゃべれるネコで」

「はい」

「色々な飼い主のことを見てきて、色々なコトを知っている」

「そうですね」

「先ほど、ＦＩＲＥの達成方法も知ってるとお伺《うかが》いしたのですが？」

「知っています」

つまり……これは、チャンスか？

自分の人生を変えるチャンス。理屈はわからない。頭がおかしくなったのかもしれない。それでも、もしかしたら本当に、夢にまでみたＦＩＲＥ生活が手に入るかもしれない。

「小鉄さん、ＦＩＲＥする方法を教えてください！」

「う〜ん、もっと高度な人間の悩みが聞きたいのですけど」

「そう言わず、そこをなんとか！」

「ＦＩＲＥなんてしても、智也さんは幸せにならないですよ？」

「そこをなんとか。お願いします！」

恥も外聞もなく、背中の小鉄に泣きついて抱き上げようとする。しかしするりと抜けられて距離を取られてしまった。さすがネコだ。身のこなしが軽い。崩れた棚の上からこちらを見下ろす小鉄は、少しだけ考え込むように小首を傾げていたが「まあ、これもまた一興ですね」とつぶやくと、僕に向かって言った。

「いいですよ。それでは、智也さんの悩みを解決する方法。つまり、ＦＩＲＥする方法について教えます」

「本当に？　神じゃん。神のネコだ」

僕はソファのクッションを引っ張ってきてあぐらをかき、小鉄からの次の言葉を待った。

こうして、現在に至っている。

いや、ひとつ小鉄からの言葉を忘れていた。

「ニンゲンには物事を教わるときに、姿勢を正すという美徳があったように思いますが」

こうして、僕は、散らかった部屋で正座をして小鉄の言葉を聞いているのだった。

投資だけではFIREできない

「智也さんFIREについて、真剣にお考えになっていらっしゃいますか?」

「考えてます!」

再び聞かれた小鉄からの問いかけに、今度は自信を持って答えた。FIREという言葉は入社時から知っていた。日頃からFIREしたいと思っていた僕は、それに関する動画を毎晩のように見て、ある程度の知識を蓄えていた。

「それでは、今はFIREのために具体的にどんなことをされてるんですか?」

「積立NISAでS&P500のインデックス投資をドルコスト平均法で積み立てているよ」

キマった。

数年前ならよくわからなかった横文字たち。しかし、今ではその言葉を見事に使いこなしている自分に惚れ惚れしている。日々の動画学習の賜物だ。

それを聞いた小鉄は、しばらく無言で僕を見つめた後、毛づくろいを始めた。柔軟さを駆使して、背中や脇腹を丹念に舐《な》めていく。毛の間に舌を滑らせ、絡んだ毛を解《ほど》くように丁寧に整えている。

あ、もしかして、ネコには難しすぎたかな？　僕はできるだけ噛《か》み砕いて説明をしてあげることにする。

「ごめんごめん。積立ＮＩＳＡっていうのは簡単に言うと儲かっても税金がかからないお得な制度で、僕はその制度を使って、アメリカ全体の成長度合いに連動した株の詰め合わせセットを買ってるってわけ」

小鉄はこちらをチラリと一瞥《いちべつ》すると、今度はしっぽを舐め始める。先から根元まで、くまなく毛を整えている。リズミカルで、無駄のない動きだ。っていうか、話聞いてる？

「えっと、とはいえ一気に買うとリスクがあるからね。分散して毎月一定の金額を買い続けることで、リスクを抑えてるってわけ」

しっかりと全身の毛を整えて、より清らかな姿になった小鉄はようやく口を開いた。

「それで？」

「それでとは？」

「えっと、それだけですか？」

小鉄は瞳を細め、整えた尾をゆっくりと振りながら、じっとこちらを見つめている。

僕のあまりのマネーリテラシーの高さに驚くと思われたが、小鉄から返ってきたのはなんとも冷静なリアクションだった。ＦＩＲＥのために、しっかりと考えて投資をしている。必要にして充分ではないか。

「それだけって……。他になにかある？」

「はっきり言って、投資だけでＦＩＲＥすることはできませんよ」

この発言は、さすがに聞き捨てならなかった。僕が見ている投資系動画の中でも特に大人気のチャンネル「リボ払い絶対ダメ大学」通称「リボ大」の学長も言っていた。

「経済的自由を達成するには、投資をせよ」と。

（あと「今日が一番若い日」とも言っていた）

「投資なくして、経済的自由はありえないって多くの動画で言ってたよ。逆に投資なしでどうＦＩＲＥするんだよ」

「智也さん、よく話を聞いてくださいね。〝投資なし〟なんて言ってませんよ。〝投資だけでＦＩＲＥできない〟とお伝えしたんです」

「いやいやいや、それでもおかしいって。だってＦＩＲＥっていうのは、つまり生活費を資産所得が超えてる状態なわけで、その資産所得を作るために投資をするわけでしょう？　例えば５０００万円の資産があれば、それはもうＦＩＲＥじゃないか」

「智也さん、それを机上の空論といいます」

「いくら１万回生きて色々学んでいるとはいえ、小鉄の意見はおかしいと思う」

話は平行線になった。ＦＩＲＥとは、投資で達成するもの。これは間違いのない事実のはずだ。

「では、実際に体験をしてみましょうか？」

「体験？」

「はい、体験です。ちょっとこちらへ来てください」

立ち上がろうとしたが、長時間の正座で足が痺れていた。片膝をつきながら、ふらふらと体を起こすと、目の前に小鉄の顔があった。

「いきますね？」

グググっと小鉄が体を後ろに反《そ》らす。そして、その反動の力を使って、僕の眼前に再び小鉄の頭部が迫ってきていた。

「ちょ、ま……」

ろくに言葉も出ないまま、ゴチンと頭がぶつかり、僕は気を失った。

FIRE失敗パターン：西村賢一《にしむらけんいち》（35歳）　男性

会社員生活から抜け出すために

ふと気がつくと、僕は全然知らない部屋にいた。どこかのアパートの一室の天井から部屋を眺めているような状態だ。

「気が付きましたか？」

小鉄に声をかけられた。姿は見えないが、脳内に声が流れ込んでくる。

「今から、わたしの以前の飼い主、賢一さんの様子を見ていきます」

「いや、ちょっと待って。見ていくってどういうこと？」

「わたしの過去の記憶を見て頂くということですが？」

「見て頂くということですが？　じゃないよ！　どういうことなの？」

「1万回も生きているものですから、色々なことができるようになったことはお伝えしました。しゃべれることと同様、過去のわたしが見てきた人たちの記録を共有することができるんです。こう、おでこ同士をぶつけると。ちなみに現実の智也さんは眠っていますよ」

なんだそれは……。突っ込みを入れたくなったけれど、実際に全く知らない部屋の様子を僕は見ている。その事実が、嘘ではないことを証明していた。

1万回も生きていると、結構なんでもありなんだな……。

困惑している僕を尻目に、小鉄が説明を始める。

「賢一さんは、智也さんと同じように、会社員生活が辛《つら》くて仕方のなかった人です。その生活から抜け出すために、頑張って投資を続け、ついにＦＩＲＥを達成できる水準までお金を貯めました」

なんだか、友達になれそうな人だ。

「彼の葛藤《かっとう》を知れば、わたしの言葉の意味が少し伝わるかもしれません。あ、早速来ましたね」

きっちりとスーツを着こなした男性がコーヒーを片手に部屋に入ってきた。立派なオフィスチェアに座ってＰＣを起動する。今は出社前の一時《ひととき》のようだ。

「そういえば賢一さんは、よくわたしに煮干しをくださいました。彼のくれる煮干しは苦味のバランスが非常によく、いつも美味《おい》しく頂きました」

「煮干しって、渋いね。今度もっと美味しいのあげるよ。オラ・チョールっていう猫用のおやつ」

「チョールですか……」

小鉄が苦々しげにつぶやいた。

「わたし、チョールは好みではありません」

「そんなネコいる？　あれ全ネコちゃんの間で大人気の代物だよ？」

「それが気に食わないのです。人間だって好みがあるでしょう？　好きな食べ物もあれば、嫌いな食べ物もある。なのに、チョールは全ネコが好きだなんておかしくありませんか？　わたしに言わせれば、あの味はネコをバカにしています。どうせお前らこういうのが好きなんだろう？　という意図を感じずにはいられません」

小鉄の熱の入れように思わず笑ってしまった。

「笑い事ではありません。あんなネコをバカにした味、わたしは認めません。やはり煮干しこそ至高です。それに……」

ハッと自分が語りすぎたことに気づいたらしい小鉄は、「そんなことより」と、賢一さんの様子を見るように促した。僕としては面白いのでまだまだ続きを聞きたかったけれど、再び賢一さんに意識を向けた。

資産を守りたい

コーヒーをひと啜《すす》りした賢一さんは、２枚横並びにした大きなディスプレイを前に何やら悩んでいるようだ。こっそり覗き見るようで悪い気もするが、ＰＣの画面を見て僕は仰天した。

表示されている証券会社のサイトによれば、彼の資産額は６０００万円を超えていたからだ。

「ちょっとちょっと、この人超金持ちじゃん」

「彼は新卒の頃から贅沢もせず、ずっと投資を続けていました。始めたタイミングも良かったため、こんな状態になっています。そもそも会社のお給料や待遇面もすごくいいのですが」

「僕とはちょっと前提が違うなぁ」

今25歳の僕より一回りほど年上とはいえ、まだ若いのに数千万円の資産。僕だって同年代の中ではかなり頑張って投資にお金を回している方だとは思っていたけれど、それでもこんな金額は夢のまた夢だ。仮に同じ年齢まで投資を続けてもここまでは資産を増やせないだろう。エリートとの違いを見せつけられたようで、少し凹《へこ》んでしまった。

しかし、そんな資産額を眺めてニヤニヤしているのかと思えば、彼の表情は険《けわ》しい。

「なんでだよ。もっと楽しそうにしろよな。6000万円だぞ」

「彼には彼の苦悩があるのです。彼の心の声を聞いてみましょうか」

賢一さんの心の声が感じ取れた。もう、なんでもありだ。

(ついに、目標としていた6000万円の資産額を達成した。これで、理屈上は、「4%ルール」に則《のっと》れば、FIREができるはずだ)

なんて羨《うらや》ましいんだろう。まさにFIRE達成だ。賢一さん、よく頑張りました。おめでとう。これからは最高に自由な日々を過ごしてね。

(でも、今4%分を売って、現金に変えるのか……?)

そりゃあ、そうでしょう。毎年、資産運用額の4％未満を生活費として切り崩していれば、30年以上が経過しても資産が尽きる確率は非常に低い。それが4％ルールだ。

何に悩むことがあるの？　さあ、辞表を叩きつけて、FIRE生活の第一歩を始めよう。

しかし、賢一さんは腕組みをしたまま考え続けている。一体、何を考えているのだろうか？

「よく見てください。資産額、少し減ってますよ？」

賢一さんの悩みを理解できずにいると、小鉄が指摘してくれた。確かにディスプレイを改めて見ると、「前月比3％減」となっている。どうやらこのときは下落相場のようだ。

結局、賢一さんはこの日、持っている資産を売却することなく出社をした。そして次の日も、その次の日も、毎朝同じように悩んでは、出社を繰り返していた。そんな日々を過ごすうちに月末になり、賢一さんの口座には会社の給料が振り込まれた。その振込履歴を見て、ずっと仏頂面で悩んでいた賢一さんが、今までとは違う笑顔を見せた。

（給料があれば、資産を取り崩さなくても生活できる！）

何を当たり前のことを言っているのか……。この人、エリートじゃなかったの？

「ちょっと小鉄、これどういうことなの？」

「わからないですか？　賢一さんはこれまで資産を増やすことを拠《よ》り所《どころ》に投資をしてきたんです。その資産を切り崩すということは、彼にとって本当に大きな恐怖なんですよ」

「いやいや、わからんでもないけどさ、それって手段と目的が逆転してるじゃん。自由な生活を目指して資産増やしてるのに、そこに縛られてどうすんのよ」

「智也さん、結構鋭いことを言いますね。おっしゃる通りなんです。でも、彼にはそれがわかりません」

初めて小鉄に褒められてちょっと嬉しい気分になった。しかし、こんなに賢い人でも、そんなふうにわからなくなってしまうものなのだろうか。

結局、その後も賢一さんは出社をし続けた。資産を取り崩していくことへの強い抵抗感は拭《ぬぐ》えないようだ。定期収入があれば、その大事な資産を取り崩す必要もないし、元本も増やしていける安心感が伝わってくる。

楽観的に考えれば、すぐにＦＩＲＥできるかもしれない。しかし、慎重な賢一さんは、今後の市場の変動や予期せぬ出費を考えると、どうしても安全策を取らざるを得なかったのだろう。

はじめは「何をバカなことを！」と思っていたが、実際に彼の気持ちを体感するうちに、疑問が湧いてきた。

果たして自分が同じ立場になったとき、スパッと辞めるという決断ができるだろうか？

もう取り返しがつかない

「もう少し、先まで見てみましょうか」

小鉄の声と共に、ビデオの倍速のように風景が加速する。

「ちょっと待って、早送りまでできるの？」

「できますけど？」

当たり前のように言う小鉄に、もはや突っ込む気すらおきない。

数十倍速で賢一さんの様子を観察していると、段々と、賢一さんの独り言の様子も変わってきた。

(いつでもFIREできるという状態での仕事は気が楽だし、資産が減る心配もない。案外悪くないかもしれないないな)

(いやいや、でもFIREは夢だ。実現したい)

(あと1000万円増えたら、FIREをしようかな)

(あと3年働くと、退職金が一段階増えるな)

(結婚することになった。家族のことを考えると、もう少しお金がいるな)

(インデックス1本ではなく、もっと分散投資をしてポートフォリオの安全性を高めよう)

(ここまで来たら、大台の1億円までいってから決断をしよう。そうすれば、盤石だ)

(もう少しだけ働けば、より安心できるかもしれない)

「いいからとっとと辞めろや!」とはどうしても思えない自分がいた。おそらく、会社でよっぽど嫌なことでもおきない限り、自分も退職の決断をできないだろう。

小鉄が早送りを止めたとき、この世界ではもう15年の時が流れていた。社内の制度が変わることをきっかけに、ついに賢一さんは退職を決意した。

若い頃に辞めるのと比べて、随分と増えた退職金も加わり、資産は当時の倍以上になっていた。ポートフォリオにも債券や高配当株、ＲＥＩＴのような多種多様な銘柄が組み込まれており、配当収益だけでも生活が成り立つようになっている。さすがに安心な水準だ。

賢一さんの退職後の生活は穏やかだ。嫌な上司もいないし、会社に行かなくてもいい。今までの人生を取り戻すように、賢一さんは日々を満喫していた。かつての同僚や、周りの人々にも羨ましがられている。結婚し、子供も１人いたけれど、彼の資産額なら全く問題のない水準だ。

でも、心の声が聞こえる自分たちには、寝る前の賢一さんが定期的に自責の念に苛《さいな》まれているのがわかってしまっていた。

これってＦＩＲＥなのか？　世間の定義ではそうかもしれないけれど、自分はもっと若いうちに人生を謳歌《おうか》したかった。確かにお金に余裕のある老後は送れるけど、35歳から15年も我慢して、50歳から楽しむ人生でいいのか？

　体にもガタが来ている。若い頃のように無茶はできない。同年代の皆は、FIREをしないにしても、趣味を極めたり、新しい事業に挑戦をしている。しかし、自分はただ会社に身を捧げ、資産を築くことにばかり時間を使ってきた。本当はもっと、多くの経験や、挑戦ができるはずだった。

　確かに、この歳《とし》からでもできることはたくさんある。それは事実だ。でも、若いうちにしておくべきことだってたくさんあったはずだ、もう取り返しがつかない……。こんな人生になるはずじゃなかったのに……。

早く決断することができるか？

「ブハァ！」

　自室の床から跳ね起きた。

　ゆ、夢⁉

　心臓はまだバクバクと音を立てていて、息が荒れていた。薄暗い部屋の中、僕は一瞬、現実と夢の境界が曖昧《あいまい》になり、周りを見回した。壁時計の秒針の音がやけに大きく聞こえ、冷たい汗が額から流れていた（少し、たんこぶもできていた）。

「疑似体験してみてどうでした？」

　そうか、疑似体験。夢ではなく、小鉄の過去の飼い主の半生を見せてもらったのだった。あまりにもリアルで、まさに自分がそれを体験しているかのような気持ちになった。

「なんていうか、ちょっとだけ、言ってる意味がわかったかも。これが〝投資だけでＦＩＲＥをすることはできない〟ってことなんだね？」

「その通りです。資産を築いていくことはＦＩＲＥにおいては必須の要素。これは間違いありません。しかし、それだけではＦＩＲＥに踏み切るのは難しいのです」

「ＦＩＲＥできるくらい優秀な人だからこそ、いいところで働いていて、それが足かせになっているのも、なんていうか、皮肉だったなぁ」

「そうですね。それで、賢一さんは、どうすべきだったでしょうか？」

「それはやっぱり、もっと早く決断すればいいのにってことかな」

「決断、できますかね？」

「うっ……」

「ニンゲンは愚かなので、損失を過大評価します。同じ１００万円でも、１００万円をもらった喜びよりも、１００万円の損失の悲しみの方が大きく感じます。この損失の悲しみは利益の喜びの2倍以上と言われてるんです」

以前、手を出してみた株の価格が下がって、塩漬けになっていることを思い出した。損切りが大事と言われていたのに、傷つきたくない意識が働いて、含み損を確定損にできなかったのだ。逆に、利確はすぐにしてしまっていた。今小鉄が話した内容と、全く同じ話だった。

「もちろん、FIRE生活のために資産を切り崩すことは損失なんかじゃありません。元からそのつもりなのですから。しかし、賢一さんにとって資産は全てです。それが減る。しかも、これからずっと減り続けていくという恐怖は想像に難くありません」

そうなのだ。今までの僕だったら「そんだけ金があったらつべこべ言わずFIREだろ!」と思っていたけれど、擬似体験した今、すぐに退職という決断が取れるとは思えない。

「しかも、多くのニンゲンにとって、大切なのは資産の絶対額よりも、それが〝増えている〟か〝減っているか〟だったりします。どんなにお金があったところで、それが〝減っている〟というだけで不安は強まるのです。○千万円の資産ができたら辞めてやる! という方は山程いますが、実際にその資産に到達しても、辞める方は本当に一握りなのです」

「じゃあ賢一さんは、思い切って早い段階で辞めるべきだったのかな?」

「でも実際、早まりすぎて後悔する人もいます」

「後悔って、やりがいとかそういう話でしょ？　僕はそういうのどうでもいいからなぁ」

「いえ、普通にお金が足りなくなるんです」

「え？」

「実際に見てみましょうか」

再び、小鉄の額が突っ込んできて、僕の頭と激突した。

FIRE失敗パターン：伊藤真司《いとうしんじ》（38歳）男性

資産5000万円でも……

ついに、夢のFIRE生活がスタートした。

決して贅沢ができるわけではないけれど、自由な日々。好きな時間に寝て、好きな時間に起きて、好きなことをする。これぞ、僕の求めていた生活だった。

こんな毎日がいつまでも続くと、そのときはそう思っていたのに……。

「いや、不穏な始まりすぎるでしょ」

どう考えてもハッピーエンドにならない始まり方に、思わず突っ込んだ。

「真司さんは、FIREを夢見て積極的に投資を行い、資産が5000万円に達した38歳のときにFIREを実行に移しました」

「それはすごい」

「でもそこは本題ではありませんので、楽しいFIRE生活の部分はスキップして、問題の部分をご覧ください」

目の前の情景が早送りされていく——。

市場が大暴落

最高のFIRE生活。その暮らしもそう長くは続かなかった。

FIRE開始から1年後、株式市場が大暴落したのだ。

リーマンショック程ではないが、数ヶ月のうちに自分の持っている資産は約

20%も目減りした。もちろん、暴落したからって全てが終わりじゃないなんてことは、僕だってわかっている。サラリーマンの友人たちは、「むしろ今月の積み立てでたくさん買えてラッキー」と言っていた。

俺だって、資産形成中だったらそんなふうに思ったさ。

でも、今は違う。配当金で生活している自分にとって、元本が減るのは大きなダメージだった。いずれ株価が戻ってくれれば生活も元に戻せるが、それまでは今まで以上の節約が余儀なくされる。

一刻も早く戻って安心させてほしい。しばらく株価が好調の日が続いたものの、再び大きな暴落があった。結局25%のマイナスだ。

もし、こんな調子でいつまで経っても復活しなかったら……？

段々と、眠れない日が増えた。先のことを思うと不安で、なかなか寝付けない。よせばいいのに、眠れない夜は布団の中で証券会社のアプリを起動して、動向を追ってしまう。そんなことをしても、意味がないのはわかっているのに。

ＦＩＲＥをすれば、お金から解放されて、もうお金のことなんて気にしない生活ができると思っていた。

でも、それは大きな間違いだということが、ようやくわかった。

だって、FIREは「資産運用」だけが収入の柱になる。つまり、「お金に稼いでもらうことでしかお金を得られない」ライフスタイルだ。それなのに、お金を気にせず生活することなんて、できるはずがなかった。

好調なときは全然気にしていなかったけれど、不調になると気にせずにはいられない。今、誰よりもお金に縛られているのは自分自身だった。

それからしばらく、不安で眠れない夜が続いた……。

神のみぞ知る

冷や汗をかきながら、目が覚めた。

「悪夢だ……」

床から起き上がれないまま思わずつぶやいた。小鉄が顔を覗き込んでくる。ひげがあたってくすぐったい。

「ギリギリの資産でのFIREは、このように精神的に厳しいものがありますね。他にも結婚して子供ができたりとか、ライフイベントによって大きく出費が変わるケースがあります」

「未来の予測を正確になんてできないものね……」

「もちろん何年も暴落がおきずに、順調にそのまま資産が増えていくケースもあります。しかし、これればかりは神のみぞ知るといったところです」

この発言に、日々勉強している僕は反論したくなった。なぜなら暴落は恐れるものではないと、動画でよく聞いていたからだ。

「でもさ、いつまでも暴落が続く可能性は低いって聞いたよ？　この人もそれを知っていれば、じっくり待てたんじゃないかな？」

「確かに、過去に実際にあった事例だと２０００年のＩＴバブル崩壊と２００１年の同時多発テロの時は45％減少し、６年で回復。　２００７年の世界金融危機・リーマンショック時は50％減少し、５年で回復しました。ざっくりピーク時より20％以上下落した場合、回復までに要する平均期間が５年と言われています」

「そうだよね！　それなら、別に焦らなくてもよかったんじゃないかな？　いずれ高確率で回復するんだし」

「それは、こうして後から振り返っているから思えることです。あくまで〝今までそうだった〟という話でしかありません。実際に資産が復活するかなんてわからないし、もしするとしても、それは10年後かもしれません。そんな状態で、ケロッとしていられる方が珍しいです」

確かに、当事者になったら気が気でないかもしれない。しかも、実際に資産が減ってる間はそこから得られる配当金や取り崩す金額も減るわけで、その分生活も窮屈になる。ギリギリで想定していたならなおさらそうだ。

「実際、真司さんもこの状況に耐えかねて結局アルバイトをはじめ、その後再就職をしました。結果的に1年間のＦＩＲＥ生活がいいリフレッシュになったのと、定期的な収入があるありがたさが身にしみていて、ＦＩＲＥ前よりも楽しく働けているようです」

「それは良かった……のかな？　まあでも、真司さんはもっと慎重になればよかったのにね。暴落を想定して、もっと資産を貯めてからＦＩＲＥするとかさ」

「智也さん、先程と逆のことを言ってるのに気づいてますか？」

「え？　……あっ」

そうだ、確かに賢一さんのときには「もっと早く決断すればいいのに」と言っていた。

「ここが、非常に難しいところなのです。早くＦＩＲＥをしてもその生活がダメになってしまっては意味がない。かといって盤石を求めると時間がかかりすぎてしまう。これが〝投資だけではＦＩＲＥできない〟一番の理由です」

「なるほど……」

はじめに「投資だけではFIREできない」と聞いたとき、何をおかしなことを言っているんだ？　と思った。でも、実際に2人の事例を知ることで、そのことが身にしみてわかった。

しかし、投資だけでFIREできないというのであれば、一体何をすればいいのだろう？痺れる足にじんじんと痛むおでこ。散らかった部屋の中、僕のFIREへの道は険しいと思わざるをえなかった。

第１章のまとめ

- ＦＩＲＥには投資が必要
- しかし投資「だけ」でＦＩＲＥするのは難しい
- 万全を期すと時間がかかりすぎる
- 見切り発車をすると後悔しかねない

第2章

仕事を頑張らずに FIREする方法

普段通りの会社と同僚

仮病を使って会社を休んだ罪悪感のせいなのか、非日常な小鉄との体験のせいなのか、昨夜はなかなか寝付けなかった。しかもあの不思議な体験のあと、小鉄は「また明日」とだけ言い残してベランダから出ていってしまい、散らかった部屋で一人、狐につままれたような気分だった。

ようやく眠りについても睡眠は浅く、結局いつもより一時間前に目が覚めてしまった。二度寝をしようにもできそうにない。昨日のこともあったので早めに出社をすることにした。

出社の支度をしながら、この忙しい中、同僚たちに迷惑をかけたこと、上司に嘘をついたこと、そのすべてが心に引っかかっていた。ただでさえ行きたくない会社が、より憂鬱に感じる。

「今日はきっと怒られるだろうな……嫌だなぁ」

そんな不安を抱えながら電車に乗り、会社に到着した。オフィスにはいつもの光景が広がっているが、僕の心はざわついていた。

デスクに着くと、隣の同僚はいつもと変わらず、自然と挨拶をしてきた。

「おはよう、昨日はどうした？　体調でも悪かった？」

「うん、まあそんなとこ」

仮病を疑われることも、昨日いなかったことを責められるでもなく、始業の時間になった。周囲の人々はみな忙しそうに仕事を進めている。上司である課長の上田の様子も、特に変わりなかった。

「おはよう、今日は問題なく仕事できそうだな」

「はい、昨日は急にすみませんでした」

「ああ、今日はちゃんと働けよ」

上司の言葉は冷たくもなく、温かくもない。普段通りの様子がそこにはあった。怒られなかったことにホッとするのと同時に、この会社の中で、僕の存在がどれほど小さなものであるかを痛感した。

「僕がいなくても、別にどうとでもなるんだなぁ……」

それなら、僕がここでこんなふうに働く意味はなんなのだろうか。

自分のデスクに座りながら、そんな考えが頭をよぎる。周囲の人々は忙しそうに動いているが、その中で僕だけが取り残されているような気持ちになった。いつまでもそうしてるわけにはいかず、心の中で溜め息をつき、仕事に取り掛かった。

資産をどう作る？

あまり集中できないまま午前の業務を終えた昼休み、昨日の小鉄の一件が引っかかっていた僕は同期の石原《いしはら》に話をしてみた。石原はこの社内で唯一気軽に話せる相手だ。自分とは違う部署で営業として働いている。特に待ち合わせをするわけでもなく、タイミングが合うと昼食を一緒に取ることが多かった。

「ねえ、もし6000万円資産があったらさ、FIREする？」

社食のカレーを口に運びながら、石原は驚き半分、呆《あき》れ半分の顔でこちらを見た。

「なんだそれ」

「もしだよ、もし」

石原はスプーンを止め、少しだけ考えて答えた。

「う〜ん、まあ、するんじゃね？」

そうだよな。そう考えるよな。でもな、石原、それは違うんだよ。

「それがさ、いざ当事者となるとなかなか仕事を辞められないっぽいんだよな」

「なんだそりゃ」

僕は、昨日小鉄から聞いた話を、ほぼそのまま受け売りで石原に話した。石原はスプーンを動かすペースを変えずに、話半分に僕の発言を聞いていた。

「——というわけで、資産を作るだけだと、どうにもやめられないっぽいのよ。でもそれなら、どうしたら辞められるんだろうな？」

「お前さ、ずっとそんなこと考えてるわけ？」

質問に質問が返ってきた。

「まあ、そうだね」

「じゃあ聞くけど、そもそもどうやってその資産を作るんだよ。俺たちの給料で」

「え？」

「だから、資産があるだけじゃＦＩＲＥできないってのはわかったけど、それでもＦＩＲＥするのに資産は必要だろ？」

「それはそうだね」

「でも俺たち、それ作れなくない？」

「…………」

ぐうの音も出ない。その通りだ。投資だけではＦＩＲＥはできない。昨日の小鉄の話を信じるなら、これはきっと真実だ。でも逆に、投資なくしてＦＩＲＥすることもできないだろう。給料から積み立てするだけでは、とても数千万円の資産を作ることはできそうにない。至極当然なことだ。

呆れた顔をした石原は、「昼寝するから、じゃーな」と僕を残して食器を片付けに行ってしまった。残された僕は、考えがまとまらないまま、冷めたチャーシューメンをのろのろとすすった。

僕はＦＩＲＥできない？

急いで自宅に帰ると、小鉄が僕のベッドのど真ん中で当たり前のように眠っていた。その体は布団に深く沈み込み、とてもリラックスしている。四肢をゆったりと伸ばし、微《かす》かに丸まった姿勢で、まるでその場の空気に溶け込んでいるかのようだ。

もしベランダで待つことになると可哀想なので、ほんの少しだけ窓に隙間を空けておいたのだ。その意図を汲《く》み取ってか、器用に窓を開けて入ったようだ。不用心ではあるけど、取られて困るようなものはこの家にはない。

それに僕自身、ネコは大好きだし、なにより小鉄は僕にとって大切なことを教えてくれる存在だ。居着いてくれる分には一向に構わない。ひとつ懸念があるとすれば、このアパートはペット禁止という点だが……。まあ、ペットじゃないし、いいだろう。見た目はネコだが、本当にネコかどうかも怪しい。日本語しゃべるし。

僕の気配を察してか、小鉄の耳がピクリと動いた。次第に瞼《まぶた》が開き、まだ眠たそうな瞳で僕を見つめる。ゆっくりと前足を伸ばして大きくアクビをした後、後ろ足も同じように伸ばした。

「智也さん、おはようございます」

「おはよう。もう夜だけどね。ちなみに僕は仕事をしてきたところ」

嫌味っぽく言ってみたが、小鉄は再び大きく口を開けてアクビをして答えた。

「それはお疲れ様でした。ニンゲンと違って、わたしたちは、眠るのが仕事ですからね」

なんて羨ましい職業だろうか。僕も転職したい。即戦力のエースとして働けると思う。

いや、そんなことを話してる暇はない。僕は、カバンを床に置いてソファに腰掛けると、仕事中にたどり着いたひとつの疑問を小鉄にぶつけた。

「小鉄さん、僕ひとつ気づいちゃったんですけど」

「はい？」

「もしかして、僕ってこのままだとＦＩＲＥできないですか？」

「まあ、そうでしょうね」

「やっぱり！」

そうなのだ。

僕は、昼休みから何度も昨日の賢一さんのことを思い返していた。エリートで、優秀で、贅沢もしていない彼が築いた資産が35歳で6000万円。現在25歳の自分が今の生活を続けたとしたら、どう逆立ちしても、その資産の水準にはならないのである。資産があってもＦＩＲＥできない人が多いというが、資産なくしてＦＩＲＥした人ももちろんいない。

「でもでも、僕だってコツコツ投資してるんだよ。複利の力で増えるんじゃないの⁉」

「確かに複利は偉大ですよね。でも、別に魔法ではありません。計算したら、大体わかりますよね？　実際、智也さんはどれくらいの金額を毎月積み立てているんですか？」

「えっと、毎月5万円。ボーナス月はさらに10万円を積み立てているけど……」

「それは立派ですね」

「ふふ、まあね」

そう、月5万円も投資に回している人間は、自分の周りでは極少数だ。というか、ほとんどいない。生活はかつかつだが、いつかのＦＩＲＥのために、なんとかやっている。

FIREできても47歳

「智也さんの思うFIREには、いくら必要なんですか？」

「そりゃ多けりゃ多いほうがいいと思うけれど、やっぱり6000万円が目安かな。これなら4％の配当がもらえれば、年間240万円で、税金とかを考慮しなければざっくり月20万円入るし」

僕の計算は素早かった。いや、正確には計算などしていない。これまで何度も何度もシミュレーションをしてきたことだからだ。

「単純計算で、年間80万円の投資で6000万円を作ろうとすると75年かかりますね」

6000÷80＝75。至極シンプルかつ、絶望的な数字だが、そこでの僕の心の拠り所は「複利」だ。人類最強の発明は複利だと聞いたことがある。そう、複利さえあればどうにかなるはずなのだ。

「複利があってもどうにもならないの？」

「そこはシミュレーションしてないんですか……。もし5％ずつ複利で増えていく前提だとざっくり32年ってとこですね」

「そんなに……」

「逆にどんな魔法がおこると思ってたんですか？　それでもかかる時間は半分以下になってますよ」

小鉄の言う通り、資産形成のペースが半分に縮むのはすごいことだ。でも、32年……。今25歳だから、ＦＩＲＥする頃にはこのペースだと57歳……。そんなの、全然ＦＩＲＥじゃない。確かに57歳で６０００万円持っていたら豊かな老後になるとは思うけれど、それは求めているものと違うのだ。

「あ、でもさ、５年10年と経てば僕のお給料も増えるわけじゃん？　ってことは投資に使えるお金も増えるわけで、そしたらもっと早まるよね？」

「まあそれはそうですね。この国は特に年功序列が根強いですから。それでも、せいぜい早まるのは10年くらいじゃないですか？」

10年早まると47歳。世間一般的にはアーリーリタイアと呼べるようなタイミングかもしれない。それでも、自分にはどうにも遅すぎるように感じてしまう。

「今の智也さんのような考えでＦＩＲＥする水準まで資産を形成した方は、歴代の飼い主でもごくわずかでした。例えば結婚して子供が生まれたら一瞬でライフプランは崩れますし、色々なことを我慢し続けるというのも限界があります。ＦＩＲＥまでたどり着けなかった飼い主の例、見てみますか？」

小鉄が昨日と同じように頭を振りかぶったが、僕はそのおでこに手を当てて「いや、大丈夫」と静止した。わざわざ擬似的に体験しなくても、小鉄の言うことが真実だとわかるからだ。

「それじゃあ僕がＦＩＲＥするにはどうしたらいいの？」

「それはもう、お仕事を頑張るのが一番いいと思いますよ」

「いやいや、無理無理無理無理！」

「仕事がすごくお嫌いなんですね。でも智也さんは資産形成でＦＩＲＥすると言いますが、一般的に、その資産形成のために必要なのが〝仕事で稼いだ種銭《たねせん》〟ですよ？」

「そんなこと言われても無理なものは無理だって！　なんとか他の方法あったりしないの？」

仕事をしたくないからＦＩＲＥしたいのだ。そのために仕事を頑張るだなんて本末転倒だ。どうにかそれ以外の方法を知りたい。

小鉄は「仕事頑張るのが一番なんですけどね」と小さくつぶやくと、ゆっくりノビをして言った。

「まあでも、他の方法もあると言えばあります」

「仕事」以外でＦＩＲＥを目指す方法１：極端な節約

「仕事を頑張る以外にも、ＦＩＲＥできる方法があるの⁉」

僕は興奮して思わず叫んだ。それこそが、僕の最も知りたかったことだからだ。

「はい。〝仕事を頑張る〟以外の方法で、ＦＩＲＥをした方も確かにいらっしゃいました」

「どうすればいいの！　教えて！」

「まず代表的なのが、親からの相続ですね。あと、宝くじに高額当選とかでしょうか」

違う、そういうことじゃない。相続に至っては１００％ないし、宝くじの当選確率は天文学的な数字だ。

「もっと、今からでも実際にできる方法はないの？」

「ありますね」

「それを教えてよ！」

「〝極端な節約〟です」

「極端な節約……？　どういうこと？」

「あんまり長いことおしゃべりするのは疲れますので、実際に見に行きましょうか」

見に行く。それはつまり……。

いつの間にか眼前に来ていた小鉄が頭を振りかぶっていた。この頭ぶつけるやつ、本当に必要なの？

苦言を呈する暇もなく、頭に鈍い衝撃を感じ、再び過去の飼い主の世界へ飛び込んでいた。

FIRE成功パターン：川崎理子《かわさきりこ》（34歳）女性

月の生活費は5万円

今回の部屋は、前回とかなり様子が違った。

決して豪華ではない（むしろ年季が入っているように見える）が、とても丁寧に使われている印象だった。窓辺には淡い色のカーテンが軽く揺れ、外の風がそっと部屋に入ってくる。窓際の小さなテーブルの上には、一冊の本と、シンプルな陶器のカップが置かれている。カップの中には、今朝淹《い》れたばかりと思われるハーブティーがまだ温かさを保っているようだ。

リビングには、質素ながらも心地よさそうなソファが置かれ、その上には手編みのブランケットが丁寧に畳まれている。ソファの隣には小さな木製のコーヒーテーブルがあり、落ち着いた色合いの花瓶に季節の花が一輪飾られている。

「彼女が、理子さんです」

そんな落ち着いた部屋で、彼女はゆったりと読書を始めた。そこには、とても穏やかな時が流れていた。

「彼女は、とにかくお金を使いません。月の生活費は5万円です」

「5万円⁉」

「資産は1500万円で、年間60万円の配当収入があります。たまに単発でアルバイトをしたりもして月に2、3万円の稼ぎはありますが、それでも月に数日ですね」

経済的自立の定義を「資産所得∨生活費」と考えるのであれば、彼女は確かにそれをクリアしていた。数日の労働をしているということで、厳密にはFIREと言えないのかもしれないが、そんな自由度の高い暮らしは僕にとって非常に魅力的だった。とはいえさすがに……。

「月5万円で生活は無理でしょ。家賃も払えないよ」

「そんなことはないですよ？　とりあえず、彼女の暮らしを見てみましょうか」

女性の暮らしを勝手に覗き見るというのは、多少罪悪感もあったが、お風呂や着替えのシーンは小鉄の力で見事にカットされていた。小鉄は「勝手に覗き見する以上、尊厳を守るのは当然のことです」と当たり前のように注釈を述べた。

穏やかな日々

彼女の一日は、自分のリズムで始まる。目覚ましはかけずに自然と目を覚ます。朝食には魚焼きグリルでトーストを焼き、庭で育てた新鮮な野菜を使ったサラダを添える。節約の一環として始めた家庭菜園のようだが、庭の野菜を愛《め》でる様子から、節約と同時に大きな楽しみになっていることがわかる。土に触れ、植物が成長するのを見守る彼女の表情は、とても穏やかだった。

食事の後は、天気が良ければいつも散歩に出かける。近くの公園を歩きながら、季節の移ろいを感じている。野鳥のさえずりや風に揺れる木々の音が、心地よいＢＧＭとなり、自然の中でのんびりとした時間を過ごす。

その後、ほぼ毎日、地元の図書館に足を運ぶ。無料で利用できる図書館は、読書好きの彼女にとって最高の空間のようだ。興味のある本を手に取り、静かな読書の時間を過ごす。今朝読んでいたのも、この図書館の本だった。

　昼食の時間には、自作のサンドイッチを併設されている公園で楽しむ。穏やかな昼食を終えたら、再び図書館に戻ることも多かった。

　夕方には、家で簡単な料理を楽しむ。節約料理を極めることが、いつの間にか趣味となったようだ。その甲斐もあって、食費は月1万円を下回る。お金をかけずに美味しい料理を作る。そのために工夫を凝《こ》らすのが楽しく、でき上がった料理を味わうことで、充実感を得ているのは明らかだった。

　夜には、映画やドラマを見たり、趣味の一環である手芸に取り組む。段々と眠くなってきたら、自然とベッドに入り眠る。そんなのんびりとした暮らしを彼女は送っていた。


「智也さん、彼女をどう思いますか？」

「なんていうか、平和というか、穏やかというか、〝精神的に豊か〟ってこういう感じなのかなぁって思うな。なんか憧れちゃうけど、逆に自分がこの暮らしをずっとできるかと聞かれたらできないかも……」

「そうですよね。あまり一般的な暮らしとは言えませんね」

「言い方悪いかもしれないけれど、仙人みたいじゃない？　欲とかないのかな？」

「理子さん、昔はすごくよく働く方だったんです」

「へえ、なんか意外だなぁ」

　のんびりとした、穏やかな様子の彼女がバリバリと働いているというのは、想像がつかなかった。

「彼女はとにかく周りの期待に応える方でした。いつだって人からどう思われるかを気にしていて、親の目や先生の目を気にして進路を選び、周りが立派と言う会社に就職し、会社でも上司や同僚からの視線ばかり気にしていました。幸い能力が高い方だったので、それでもうまくやれていたのですが、そんなふうに誰かの期待に応え続ける日々を忙しく駆け抜ける中で、彼女は気づいてしまったんです。〝わたし、なんのために生きてるんだろう？〟って」

　なんだかわかる気がする。親の反応や、世間体を気にして就職活動をしていた頃の記憶が蘇った。

「そうして理子さんはある日プツンと糸が切れたように、会社に行けなくなってしまい、退職をしました。元から全然お金を使わない人だったので、ハードワークの甲斐もあり、たくさんのお金が手元に残っていました。そのほとんど全てを高配当株に回して、地方都市の外れに引っ越してＦＩＲＥ生活をしています」

「それはまたすごいな。でもさ、こんな暮らしって虚《むな》しくならないのかな？」

「では、実際に彼女の心情を聞いてみましょうか」

彼女の心の声が、自分のことのように聞こえてきた。

本当に豊かな時間

心穏やかに、自分のために過ごしたい。私の願いはただそれだけだった。

贅沢な日々はいらない。特別な出来事もいらない。心の豊かさと誰にも邪魔をされない自由があれば、それでよかった。キラキラ輝く宝飾品も、おしゃれな服も、上司からの評価も、親からの称賛も、シャンパンも、イケメンも、別にいらなかった。

今の自分の生活が好きだ。

誰かの目を気にすることなく、好きに生きている。起きる時間も、食べるものも、日々の行動も、誰だって私を縛ることはできない。お金はたくさん使えないけれど、逆に言えば、お金さえ使わなければ、いつまでもこの生活を続けることができる。

もちろん、もっとお金があれば生活は快適だろう。私の家にはエアコンがない。夏はうだるように暑い。窓を開けて、扇風機をつけて、どこかでもらってきた保冷剤を使ったり、凍らせたペットボトルを部屋中に置いたりして暑さを凌いでいる。

冬は室内でも凍えてしまう。でも、寒さの方はまだマシだ。たくさん布団を重ねて、湯たんぽを用意すれば、寝床だけは最高に暖かい幸せな空間になる。

駅から20分も歩く、家賃2万円（共益費込）のボロアパートの部屋は狭いし、お風呂だってユニットバスな上にすごく小さい。

それでも私は、すごく幸せだった。親は私のことを心配するし、かつての同級生や同僚が「彼女は変になった」などと言うけれど、それももう気にならなくなった。私は、私の人生を取り戻したのだ。

私がとりわけ好きな時間は、散歩をしているときだ。ゆっくりと歩くだけで、色々なことを知ることができる。道端に咲いた花をキレイだと思ったら、立ち止まって、よく愛でて、それがどんな花なのか調べてみる。そんなことをしているだけで、時間なんてすぐに経ってしまう。

道端に咲いている花を見るために立ち止まる生活。

それこそが、私の求めているものだった。昔の自分であれば、そんなことは時間の無駄だと感じていただろう。というか、花が咲いていることにすら気づかなかったかもしれない。でも私は、こんな時間が本当に豊かだと感じる。

何もない暮らしではある。でも、ただただ自由がある。私は、それが何よりも嬉しい。

月にいくら必要なのか

「どう思いましたか?」

自室のソファで目が覚めると、小鉄が僕の顔を覗き込んでいた。以前と違い、穏やかな気持ちで目覚めた僕は、伸びをしてから言葉を整理して、小鉄に話し始めた。

「しっかりとした、理子さんの〝軸〟みたいなものを感じたな。自分はこれが幸せだっていうことが、すごく明確だったね。でも……」

「でも？」

「彼女を否定したいわけじゃないけれど、やっぱあの生活を一生続けるのは僕には無理だと思う。ほしいものだって色々あるし、旅行だって行きたいし」

「そうでしょうね。短期間ならまだしも、あの生活を何年も続けられる人は少ないです。羨ましいと思った人でも、実際に行えば1年も持たないでしょう。過去の飼い主でも同じように隠居生活のようなものを目指そうとして、失敗した方もたくさんいらっしゃいました」

「そうだよなぁ」

「でも、これが智也さんの疑問〝仕事を頑張らずにFIREする〟のひとつの答え、〝極端な節約〟です。FIREの状態が〝資産所得＞生活費〟である以上、生活費を極端に下げることで、実現の可能性は上がります」

極端な節約……。今まで、資産を積み上げるという方向でしか考えていなかった僕にはなかった選択肢だ。支出を抑えるとか、無駄遣いを止めるとか、そういうレベルではなく、月数万円レベルに支出を抑えてしまえば、確かにFIREは近付くかもしれない。

「といっても、彼女はなにげに1500万円も資産があったよね」

「智也さんが必要とおっしゃっていた6000万円と比べれば4分の1ですよ。それにあの生活であれば、もし資産がなくても月に数回のアルバイトで充分暮らしていけます」

もちろん資産所得で賄《まかな》えるのが理想だが、週2日くらいまでなら働いてもいいかもしれない。

「でもどっちにしろ月5万円じゃさすがに生活できないよ。ていうかほとんどの人は無理でしょう？」

「それでは、いくらの生活費なら大丈夫なんですか？」

「それは……やっぱ20万円くらい？」

「なぜですか？」

「え？　それはやっぱ、今の生活費から類推して……」

しどろもどろになっていると、小鉄は前足で優雅に顔を撫《な》で始めた。耳の後ろから頬、顎《あご》の下、と順序よく丁寧に毛を整えながら言った。

「智也さんのひとつ目の問題は、そこですね。〝自分が本当に必要な生活費〟を知らないまま、ＦＩＲＥを目指しています。つまりこれは、ゴール地点が不明なマラソンを走ってるようなものです。やみくもに走っていてもゴールにはたどり着きませんし、走り疲れて諦《あきら》めてしまうのが関の山です。こんなに大事なことをあえて考えてないというのは不思議でなりません」

小鉄の言うことはもっともだ。生活費が決まらなければ、必要な資産額も決まらない。

でも、自分が必要な生活費というのはどう考えればよいのだろう？

田舎に引っ越したり、実家を利用したりして、家賃を抑え、贅沢を一切しなければ、それこそ月5万円で暮らせるかもしれない。でも、それでＦＩＲＥできたとしても、僕にとっては苦行に近い。

「最低限の生活費って、どう決めたらいいの？」

小鉄は顔を洗う手をピタリと止めて、呆れ顔をしていた。

「なぜそんなに他人事《ひとごと》なのですか？　もしわたしが50万円と言ったら50万円にするんですか？」

「いえ、違いますよね。すみません」

自分が生きるのに必要なお金。そんなに重要なことを、他人（ネコだけど）の判断に委《ゆだ》ねるなということだ。答えを出せるのは自分以外にいるはずがない。

節約とは「優先順位」を決めること

黙り込んでしまった僕に同情したのか、もう片方の前足で同じように顔を洗いながらも小鉄が口を開いた。

「節約は、極端に何でも我慢すればよいわけではありません。大切なのは、優先順位を決めることです。智也さんは、何を大切にされてるんですか？　例えば衣食住で考えるとどうです？」

「そうだな。それで言うと、僕は衣にはそこまで関心がないかもしれないなぁ」

「独特なファッションをお楽しみですものね」

「え？」

「え？」

僕としては、ごく普通のファッションのつもりだったのだけれど……。

「なにか変だった……？」

「I　LOVE　NARAのプリントがされた、鹿柄のパーカーはいかがなものかと」

「奈良は素晴らしいよ？」

「それはわかりますが」

「東京じゃ買えないんだよ？」

「……やめましょう。個人の趣味を揶揄《やゆ》したわたしが悪かったです。他はどうですか？」

小鉄の指摘は腑《ふ》に落ちないが、議論は平行線になりそうなので話を進める。

「あと、食もそこまでかなぁ。少なくともグルメな方じゃない。牛丼とかカレーとかハンバーガーとか、大体なんでも安いのに美味しいし、もちろん最低限は楽しみたいけど、そんなに気にしないかも」

「わたしにとって、食はすごく大切ですけどね」

そういえば、小鉄はなかなかにグルメなネコだった。

「ちなみに、何が好きなの？」

「間違ってもチョールではありません。オーガニックな煮干しが好みです。特に香川県の伊吹島《いぶきじま》の煮干しは〝伊吹いりこ〟と呼ばれており、これがまた最高ですので、是非一度ご賞味ください」

相変わらず、チョールアンチだった。具体的な名前が出てきたので、その煮干しのことは覚えておくことにする。

「あとは、住居だけはちょっとこだわりたいかもしれない。家にいることが好きだし」

「こだわるとは、どういうことですか？」

「ボロすぎるのは嫌だなぁ。ある程度の広さもほしいね」

「確かに、今の家もなかなかの広さですね」

「そうそう、おかげで家賃はちょっと高いけどね……」

「他に、絶対これは譲れないってものはありますか？」

「旅行かな。別にお金をかけたいわけじゃないけれど、新しい場所に行くのが好きなんだよね。毎月とまでは言わないけれど、3ヶ月に1回くらいは行きたいな」

「いいじゃないですか。こうやって、ひとつひとつ大事なこと、譲れないことを自覚していけばいいんです。逆に言うと、大事ではないことにお金をかけるのは止めましょう。次に、通信費、光熱費、保険のような大きな固定費の見直しを行ったらいいんじゃないでしょうか？」

そういえば、リボ払い絶対ダメ大学（リボ大）の学長も、「大きな固定費の見直しが重要」と話していた気がする。これまで投資系の動画ばかり見て、節約系の動画はあまり真面目にチェックしていなかったけれど、改めて見てみよう。

「とにかく、重要なのは自分の価値観を知り、優先順位を知ることです。優先順位が高いことを我慢してFIREを達成しても、それはつまり我慢をし続ける人生です。そんなの、虚しいだけですし、いつか必ず破綻します」

確かに、FIREはできてもボロボロの狭い家で、旅行も一切できなかったら、僕にとってそれは幸せとは言えなさそうだ。

「本当に自分が欲していることを考えましょう。家の快適さが誰よりも大切な人もいれば、別に寝られればいい人もいる。美味しいものを追求したい人がいれば、食事は栄養補給ができればいい人もいる。高級旅館に年1回泊まりたい人もいれば、それなら同じお金で激安旅にたくさん行きたい人もいる。大事なのは、自分の価値観をしっかり持つことです。少なくとも、理子さんはそうしてましたよね」

確かに、彼女は全然お金を使っていないのに、幸せそうだった。価値観がはっきりとしていて、大事なことに目を向けていたからだろう。

そして僕はというと、節約ひとつとっても、自分で判断できていなかったことに気づいた。その証拠に、何が大事なのかを聞かれても、すぐに答えることができなかった。

言われてみれば「ＦＩＲＥ」という自由を追い求めている自分が、何でもかんでも人の影響で行動を決めて、なんなら決めてほしいなんて、おかしな話だ。自分の価値観を、じっくりと見つめ直す必要がある。

「ということで、これがひとつ〝極端な節約〟という方法です。次に行きましょうか」

「次？」

「はい。智也さん、〝仕事を頑張る〟以外の方法でＦＩＲＥをした方の事例を知りたいと言っていましたよね」

「それはそうだけど、今日はもうちょっと考えたいことがあるから、明日でもいい？」

「仕方ないですね。あまり詰め込みすぎると、パンクするかもしれませんしね」

そう言うと小鉄はベッドを降りて、大きくノビをした。

「自分の生活費を考えてみるんですよね？　それもまた大切な時間です。ごゆっくりお考えください」

ベランダの窓に向かって歩き出したのを見て、部屋を出るのだろうと察した僕は窓を開けてやる。

「恐れ入ります」

小鉄はベランダに出て手すりにジャンプした。見事な身のこなしだ。そのまま近くの街路樹に飛び移ると、夜の住宅街に消えていった。

最低限の生活費はいくら？

その日の夜、僕は改めて今の自分の生活費を書き出してみた。毎月の積み立て投資分である5万円を除くと、平均17万円ほどであることがわかった。たまに衝動的に無駄遣いをしているが、それはなんとか見直していけそうだ。

そして逆に、「これくらいの生活なら、自分は最低限満足できる」という暮らしの生活費も計算してみた。車も持たず、都会にこだわらないのであれば、それは大した金額ではなかった。

こだわりたいと思っていた家の快適さについても、簡単にポータルサイトで調べてみた。立地を重要視しないのであれば、すごくキレイで広いのに、今の家賃より遥かに安い家もたくさん見つかった。

とはいえ、友達とも遊びたいし、激安旅でもいいから旅行には行きたい。今はいないけれど、恋人がいればデートだってするだろう。そう考えると、いくらか余剰は必要だ。

「ギリギリで考えても11万〜12万円。できれば15万円はほしいなぁ」

とりあえずの結論が出た。僕のストレスなく暮らせる生活費の最低ラインは11万円。できれば15万円だ。

それが明確になっただけでも、なんだか少しスッキリした。

香川県伊吹島産いりこ

翌日、会社から帰宅すると、やはり僕のベッドは小鉄に陣取られていた。我が物顔ですやすやと眠っている。そんな様子に腹を立てるでもなく、僕は部屋着に着替えると、先程会社帰りに買ってきた、あるものをカバンの中から取り出した。

気だるげに薄目でこちらを見た小鉄の目がパチリと開く。鼻をひくつかせ、一瞬で眠気が覚めたように飛び起きた。素早くベッドから降り、軽やかな足取りで駆け寄ってくる。尾が楽しげに揺れ、期待に満ちた表情だ。

「智也さん、まさかそれは、それは……」

「煮干しだ」

「ですよね！　ですよね！」

「しかも、香川県、伊吹島産」

「なんと素晴らしい！」

小鉄に煮干しの袋を見せつけると、さらにその目は輝きを増した。喉をごろごろ鳴らしながら、僕の足に体を擦り寄せてくる。つい忘れがちだが、こういう仕草を見ると小鉄もネコなんだなと実感する。

会社帰りに夕食の材料を買おうとスーパーに寄ったところ、小鉄の好物の話を思い出した。乾物コーナーを物色していると、普通の煮干しよりも少し値段の高い物を見つけた。それは、まさに昨日小鉄から聞いた、香川県、伊吹島産の煮干しだった。パッケージには「いりこ」と書かれていたが、これは呼び方の違いで、同じものらしい。

少し値段が高いので迷ったが、小鉄が喜ぶと思って買ってきたのだ。そして反応を見る限り、それは大正解だったらしい。思わずニヤニヤと頬が緩んでしまう。

「最近、お世話になってるからね。お礼だよ」

ソファに腰掛けて袋からひとつ取り出して渡してやる。テンション高く僕の横に来た小鉄は、大切そうにそれを受け取り、早速カリカリと音を立てて食べ始めた。その表情は至福そのもので、煮干しの味を心から楽しんでいるのが伝わってくる。

「ほんとに好きなんだね」

「はい！　それにしても伊吹いりこの小羽《こば》とはお目が高い！　知っていますか？　伊吹いりこは漁場と加工場が非常に近く、漁獲から加工まで一貫して生産しているので鮮度が最高なんです。その鮮度の良さから頭やはらわたも美味しく頂けます。その点が非常に素晴らしいのですが、あ、もうひとつ頂いてもよろしいですか？」

いつになく饒舌《じょうぜつ》でハイテンションな小鉄に苦笑しながらもうひとつ渡してやると、それもまた大切そうに受け取って食べ始めた。

「このまま食べても当然のように美味しいですが、出汁《だし》をとっても絶品らしいですよ。濃厚なうま味、あま味、塩味の三味一体でまろやかに味わえるそうです。わたしは試したことありませんが……。ああ、もうひとついいでしょうか」

語るなぁ、小鉄。三味一体とかいう謎のワードチョイスも含めて、余計に笑えてしまう。あまり食べなかったら無駄になると思って、小袋のものを買ってきたけれど、このペースだとすぐになくなりそうだ。こんなに喜んでくれるなら、また買ってきてあげよう。

「仕事」以外でＦＩＲＥを目指す方法２：ギャンブル的な投機で稼ぐ

「さて、少し取り乱してしまいました。智也さん、最高のお土産をありがとうございます」

かなり取り乱していたように思ったが、それには触れないでおく。ちなみに、小鉄は小袋の中身を一度で全て平らげてしまった。実はもう1袋買ってあるのだが、健康に悪いし、もう少し計画的にあげたほうがよさそうだ。

「そして、自分に必要な生活費も、わかったみたいですね」

「そうだね。最低限ストレスなく生活できる金額がわかったっていうのは、かなり安心感があるよ。なんていうか、ひとつのゴールが定まったっていうか」

「漠然としたお金の不安を感じている人は多いですが、それは色々なことを〝わからない〟ままにしているからです」

「わからないから、不安かぁ」

「そうです。自分が最低限いくら必要なのか。これは一番初めに考える必要があります。ここがわかっていないと、どれだけお金を稼いでも、ずっと不安なままですからね」

漠然と「お金が足りない！」「将来のお金が不安だ！」って思っていたけれど、それはそもそも色々なことを「わからない」ままにしていたからだろう。いくら必要なのかもわからない中で「お金が必要だ！」と考えるのは、おかしな状態だと今ならわかる。それがわかるようになっただけでも、一歩前進と言えるだろう。

とはいえ、まだまだ問題はある。

「小鉄さん、それを踏まえた上で、お金が足らないです……」

そう、仮に月々11万〜12万円の生活費でOKとわかったとしても、それを配当金等の資産所得で賄おうと思ったら、ざっくり3000万円以上の資産が必要になる。そして、僕にはそんな資産はないし、それを築き上げる方法もわからない。

「相変わらず、仕事を頑張るのは嫌なんですよね？」

「できれば……！」

「であれば、あの方の人生を見てみましょうか」

自分の眼前で頭を振りかぶる小鉄。毎回、急なんだよね、これ。

頭がぶつかる寸前、いつもと違って少しだけ煮干しの匂いがした。

FIRE成功パターン：浅田翔《あさだしょう》（26歳）男性

ゴージャスな暮らし

今回の部屋は、今まで見てきた部屋とも、自分のアパートの部屋とも、何もかもが違っていた。

高い天井の広々としたリビング。大きな窓からは都会のビル群が一望でき、夜景が煌《きら》めいている。窓際にはゆったりとしたソファセットが配置されており、その前にはガラス製のコーヒーテーブルが置かれている。その上にあるワイングラスはとても高そうで、中には赤ワインが注がれている。ソファのクッションはふかふかで、そこに若い男性がスマホを片手に寝そべっていた。

「小鉄、なんだこの部屋。すごいな」

「六本木にあるタワーマンションですね。彼、翔さんは、〝仕事以外の方法〟でFIREをした1人です」

今まで見たことがないきらびやかな空間に自然とテンションが上がってしま

う。同時にどうにも場違いのような気がしてそわそわする。

「小鉄も、こんなところにずっと住んでたの？」

「いえ、こちらに引っ越して程なくして、出ていきました」

「え？　捨てられたの？」

それは許せない。いくら立派なマンションに住むことになっても、一度ネコを迎えたのなら、最後まで責任を持つべきだ。

「勘違いしないでくださいね。捨てられたのではなく、わたしが出ていったのです。こちらのお住まいの眺望は素晴らしいのですが、外に出るのに不便でして」

確かに、とてもじゃないけれど気軽に出入りできるような場所ではない。エレベーターをじっと待っている小鉄を想像して、そのシュールさに少し笑ってしまった。

「でも、そんなの寂しくないの？」

「何がですか？」

「だって飼い主と離れ離れになっちゃうってことでしょう？」

「いえ、特には。たまに散歩していると出会うこともありますし、拠点はたくさんありますから」

これだけお金のある飼い主だったら、豪華な暮らしをさせてくれただろうに、そんなことよりも自由を優先したようだ。誰にも縛られない気高《けだか》さに憧れを感じる。

仮想通貨で5億の資産

「ところで、翔さんはどうやってこんな家に引っ越したの？」

「仮想通貨で一発当てました」

「ギャンブルじゃん！」

「そうです。投資ではなく、投機と呼ばれるハイリスク・ハイリターンな取引ですね。翔さんは、当時の貯金１００万円を仮想通貨に突っ込み、その後も売買を続け、最終的には5億円もの資産を築いたのです」

「ご、5億……。わけがわからない……。しかも、この人相当若いよね」

「そうですね、このときで26歳です。彼がはじめて仮想通貨を買ったのは22歳のときなので、4年でここまでの成長を遂《と》げました」

僕と1歳しか違わない。しかも、動き出したのは僕よりも若いときだ……。なのに、資産はとてつもなく大きい差になっている。桁違《けたちが》いどころの話ではない。その事実にクラクラしてしまう。

「今回で言う仮想通貨のように、時代の節目にはこういったケースが出現します。とりわけ、若い方が波に乗ることが多いですね」

「でもさ、これってさすがにギャンブルだよね⁉」

「そうですよ。ハイリスク・ハイリターンに勝利したということです。他にも株の信用取引やＦＸ等の投機で資産をすごく増やし、そこからＦＩＲＥにシフトしていくケースはあります。少なくとも、智也さんのように毎月の給料をこつこつインデックス投資に回す、という方法よりはＦＩＲＥをしている人の比率は高いです」

そんな……。僕が今まで学んできたことで、最もダメだと言われているのがこの「投機」だった。そんな一発逆転は考えずに、こつこつと積み上げようと、皆そう言っていた。リボ大の学長だってダメだって言ってた。

でも、現実問題それではＦＩＲＥできず、投機のほうがＦＩＲＥする確率は高いという。

ということは……。もしかしたら、今の自分に足りないのはリスクを取ることだったのかもしれない。このキラキラと輝くタワーマンションの一室を見ていると、よりその気持ちが強くなってきた。

うん、そうだ。確かに、ちまちまとインデックス投資で安全に増やそうとしていても埒《らち》があかない。複利の力はすごいが、僕がほしいのは豊かな老後ではない。豊かな若い時間なのだ。

世の中そんなに甘くない

そうか、つまり長期投資とFIREは相性が悪いのだ。だってFIREするためには、若くしてたくさんの資産を作らないといけない。複利の力は時間が長ければ長いほど大きくなる。ある程度短い期間で成果がほしいなら、ギャンブルが必要なのかもしれない。

よし、完全に理解した。僕もこれから思い切って仮想通貨のトレードを勉強して……。

「ちなみに、投機にチャレンジして破滅する方や、生活が立ち行かなくなる方は非常に多いです。というよりも、そういう方が大半で、翔さんのような人はごくごくわずかな超レアケースです。失敗して、自ら命を断つ方も珍しくありません」

やっぱ、やめとこ……。

血の気が引いた。そりゃそうだ。世の中そんなに甘くない。

「実際のところ、投機で〝一発当てる〟レベルの人はそこそこいます。しかし、〝一発当てた上で生き残る〟人は本当に稀《まれ》です。一発当てた人は、次も当てようとするし、段々と感覚も狂っていくので、そこのバランス感覚を保つのはとっても難しいことなんです。1億円稼いだのに、その後全て失って借金生活、みたいなことが普通にありえます」

つまり、ハイリスク・ハイリターンでお金をしっかり作り、それを資金に優雅な生活を送っている翔さんは、勝ち組の中の勝ち組ということだ。

「翔さんは、本当にラッキーなんだね。羨ましいよ」

「運の要素があるのは確かです。でも、ラッキーというのは違います」

「どういうこと？」

「翔さんは何も考えずにひたすら積み立てたり、運任せに買ったり売ったりはしません。分析し、期待値を見極め、常に冷静に、時に大胆に勝負をしかけます。つまり、〝トレーダー〟というひとつの職業です。それこそ、一部の才能のある人しか続けられない道です」

改めて目を凝らすと、翔さんが寝転がって見ていたスマホの画面に映っていたのは何かのチャートだった。そこに動きがあったのか、急に起き上がると6つも画面があるPCの前に座り、素早く操作をはじめていた。

「彼は、いつもこうですよ。優雅な暮らしに見えたかもしれませんが、頭の中はいつだって市場のことを考えています」

とんでもないスピードでマウスとキーボードを操作している翔さんの目は、とてつもなくギラついていた。

投機で勝ち続けるのは難しい

ハッと目が覚めると、自室のソファに座っていた。どうやら戻ってきたらしい。我が家のリサイクルショップで4000円で買ったソファと、翔さんの家のおそらくハイブランドの高級ソファを比べて溜め息をついた。

すぐ横で毛づくろいをはじめた小鉄に語りかける。

「SNSを見てるとさ、こうやって一発ドカンと財を成してる人って結構いる気がするけれど、あれはごくわずかな生き残りの人ってことなのかな？」

「おっしゃる通りです。詐欺にはめようとして偽りの投稿をする人も多いですが、もちろん本当にうまくいった人もいるでしょう。ただその何十倍、何百倍も損している人がいます。自分は勝てると思うなら参入してもいいと思います」

「いや普通に無理だ……」

　僕は、先程の翔さんのギラついた目を思い出していた。

「こういった売買の恐ろしい点は、〝何もわかってない素人でも、短期的には勝てることがある〟という点です。結局上がるか下がるかという話なので、何も考えずにコインを投げて決めたとしても、当たるときは当たります。自分で考えた適当な理論、インフルエンサーから言われた謎の投資手法、そんなのでも、儲かるときは儲かってしまうのです。これが、一番恐ろしいところです」

「勝てるならいいんじゃないの？」

「勝ち続けられないなら、意味がありません。むしろ中途半端に勝てるからこそ、やめられません。実際、常に期待値のある行動をとり続けられる人であれば、専業トレーダーとしてうまくやれるでしょう」

　SNSで見かけるカリスマトレーダーも、簡単にお金を稼いでいるように見えて、実際はとんでもない苦労を重ねているのだろう。

「ほとんどの人は期待値を見誤るのです。期待値のないところに、期待値があると勘違いをし、自分の大金を晒《さら》し続け、どこかでドカンと損をする。そこで踏みとどまればまだいいのですが、大抵〝これはただ運が悪かっただけ！〟と負けを取り返そうとし、あとがないところまでいってしまうのです。資産が0円になるだけならまだマシで、借金地獄に陥る人もいます」

聞いてるだけで恐ろしすぎる。その怖さを紛らわそうと隣で毛づくろい中の小鉄を抱き寄せようとしたのだが、するりとかわされてしまう。ソファの端に逃れた小鉄は、絶妙な距離を保ちながらこちらを睨《にら》んだ。こんなときくらい、抱っこさせてくれてもいいのに。

気を取り直して、話を続ける。

「僕はギャンブル的な投機はやめておこうかな……」

「それが賢明ですね。事実としてそのようにうまくいった人はいますが、そのほとんどの人が〝自分はタイミングがよかった〟などと運の要素にも言及されます」

「やっぱりそうだよね。ギャンブルみたいなことはせずに、堅実にいきたいね。こつこつ頑張っていこう」

「まあわたしに言わせれば、〝インデックス投資を30年コツコツ積み上げてＦＩＲＥを目指す〃も充分ギャンブルですけどね」

……何を言い出すんだこの毛玉は。

インデックス投資でＦＩＲＥを目指すのがギャンブル？

大真面目な顔で「インデックス投資でＦＩＲＥを目指すのがギャンブル」と言い出す小鉄に、聞き間違いかと思いもう一度聞いてみたが、答えは変わらなかった。

投資系のインフルエンサーがそんなことを言い出したら、ちょっとした炎上がおこってしまいそうだ。

「それはないよ小鉄。だってインデックス投資は過去50年間の実績のある投資法で、ドルコスト平均法で分散して買っていけば限りなく勝算が高い投資法だよ？」

「その通りにいけば成功だし、そうならなかったら失敗なわけですよね？　それってギャンブルじゃないですか？」

「いやいや、そりゃあ投資だから１００％なんてことはないよ。そんなことはわかってる。でもギャンブルではないんじゃない？　丁半博打じゃなくて、かなり高確率でそうなっていくんだから。これまでの歴史がそれを証明してるんだよ」

「でもそれはたかが50年の話でしょう？　今後もそうなる保証はないですよね？」

まるで「投資は危ない！」と預金に勤しむ旧時代の人のようだ。本気で言っているのだろうか？

「そりゃそうだけど、そんなこと言い出したら投資なんてできないじゃん。日本円をそのまま持ってることだってリスクなんだからさ、僕が言いたいのはまさに期待値が高いってことだよ」

「智也さんの言ってることは正しいです。確かにインデックス投資は、投資法としてはとても優れているし、実際長期目線で見たら負けにくい投資法です」

そらみたことか。

「でも、それに全部を賭けるのが、人生で見たら充分ギャンブルです。だって、確率は低いとしても、もしうまくいかなかったら、智也さんの人生計画はそれでおしまいってことですよね？」

失敗しない確率が高いだけ

……考えたこともなかった。インデックス投資が、もしうまくいかなかったら。

今をピークに、下落を続けたら？　そうではなくても、このまま額を大きくしながら、ずっと積み立てをしていて、取り崩そうと思ったタイミングで暴落が来たら？　損しないにしても、ずっとトントンくらいで推移したら？

長期目線で見たときに損をする可能性は低いとしても、例えば10年後に大暴落がおきて、回復するまでに20年かかったら、少なくともＦＩＲＥの達成は遅れる。確率は低いと思うけれど、生きてる間に回復しない可能性もある。いや、でもそんなのはよっぽどイレギュラーのはずだ。過去最大のリーマンショックだって、5年で持ち直したんだ。

「何度も言っている通り、インデックス投資はとてもいい投資法です。初心者が投資を始めるときに選ぶのは最適だと思いますし、資産の一部を運用するのもいいとも思います。でも、それに全てを賭けるのって、人生を使った壮大なギャンブルじゃないですか？」

「そ、それはそうかもしれないけれどさ……」

「わたしが聞きたいのは、〝本当にそうなりますか？〟ということではなく、〝万が一うまくいかなかったとして、諦めきれますか？〟ということです。失敗したときのプランもないまま〝ま、世界経済の調子が悪くなっちゃったし、仕方がないか！　70歳くらいまで働けばいいや！〟と、諦めがつきますか？」

想像してみて、ゾッとした。そんなのは、絶対に嫌だ。

なぜか、必ずうまくいくという前提で考えていたが、必ずしもそうとは限らないのだ。もちろん、そんなことはおこるはずがない、と目を背けることはできる。でも確かに、あくまで「歴史的に見て、そうなる確率が高い」というだけで、それは確実なことなんかではないのだ。

そもそもの前提を崩されて、僕は動揺した。

ちゃんと「頑張って」ますか？

僕はソファから立ち上がり、キッチンに向かった。気を落ち着けなければ。冷蔵庫から缶ビールを取り出す。

インデックス投資がうまくいかないこともある——。その可能性は一度も考えたことはなかった。大きくは増えないにしても、着実に資産を形成してＦＩＲＥに導いてくれるものとばかり思っていた。

ソファに戻りながら、缶を開けて呷《あお》る。

「一気飲みは体によくないですよ」

小鉄にたしなめられた。

「小鉄の話のほうが体によくないよ」

ソファに腰を下ろして、口元をスウェットの袖で拭う。ビールは残り3分の1ほどになっていた。

「わたしは事実を話しただけですよ？」

「そうかもしれないけどさ……。それなら一体、何を頑張ればいいんだよ」

「まるで今は既に頑張ってるみたいな言い方じゃないですか？」

「そりゃ頑張ってるよ。毎月5万円もコツコツ投資してるんだから」

「面白いことを言いますね。智也さんは別に何も頑張ってないじゃないですか。文句を言いながら会社に行って、毎月自動で積み立て投資をしてることの、どこが頑張ってるんですか？」

自分の努力を貶《おとし》められたようで、この発言にはムッとしてしまった。

「いやいや、毎月費用捻出するために、残ったお金で生活するようにしてるし、暴落時に負けずに持ち続けたりもしてるし」

「それは頑張ってるとは言わないですよ。そりゃお給料で全部遊んじゃう人よりは我慢はしてるかもしれないですが、それだけじゃないですか。収入を増やす努力もしてなければ、支出を減らす努力もしていない。投資は他の人を参考に自動積み立てで神頼み、それのどこが努力なんですか？」

言葉に詰まり、返答できずにいると、ズイっと顔の前に来た小鉄が言った。

「コツコツやれば、必ず実現する！　なんて言って、深く考えないようにして、現実から目を背《そむ》けてませんか？　本当は自分でもわかってますよね？」

もっとリスクを

はっきりと言われて、考えないように蓋をしていた箱が開いた。

インデックス投資を長いスパンで積み立てていけば、いつか必ずＦＩＲＥを実現できる。そう自分に言い聞かせていた。たまに楽観的なシミュレーションをするくらいで、大きな支出のことも、今後のライフイベントも考えず、ただただ積み立て投資をしていた。

「智也さんはＦＩＲＥっていう普通の人ではなかなかできないことを成し遂げたいんですよね？　翔さんは、リスクを取り続けました。お金が増えてからも、常にリスクに資産を晒し続け、そうやって勝ち続けました。賢一さんも、ハードワークを続けました。理子さんは、支出をすごく削りました。リスクを取ることも、努力もせずに、成果だけほしいという方が虫のいい話ではありませんか？」

何も言い返せなかった。

僕は、リスクを恐れている。だって、破滅したくないから。だからこそ、安全性が高いと言われているインデックス投資への積み立てを選んだのだ。でも、そこで得られるリターンは5%とか、せいぜい7%。それでは、大金に届かない……。しかも、本当にその通りにいく保証もない。

「インデックス投資がギャンブルと言った意味と、投機の方が可能性が高いというお話はわかっていただけましたか？」

「……うん、確かにそうだね。つまり、小鉄は僕にもっとリスク取れって言いたいんだよね？　これからは、インデックス投資だけじゃなくて、他の投資法にも挑戦してみるよ」

「智也さん、違います」

違うのかよ。

再びずっこけそうになる僕に小鉄は言った。

「これからお伝えすることは、本当にすごく大切なことです。今日はお疲れだと思います。明日は土曜日ですし、ゆっくりお話しましょう」

そう話すと、小鉄は昨日と同じようにベランダから外に出ていった。1人残された部屋に、チリンと小鉄の鈴の音だけが残る。

小鉄が教えてくれた、FIREを目指す変則的なルート「極端な節約」と「投機（ギャンブル）」。はっきり言って、どちらも自分が期待したものとは程遠かった。説明を受けて、実際にそうなった人たちを見ることで納得はできたが、自分が同じようなルートを歩めるとは思えない。

そして、小鉄が明日話すといった大切な話。

それが気になって、今日もなかなか寝付くことができなかった。

第２章のまとめ

- 仕事を頑張らずにＦＩＲＥしたいなら、「極端な節約」か「ギャンブル的な投機」
- しかし、いずれも難易度は高い
- 節約は、価値観の優先順位をつけることが肝
- 自分がストレスなく暮らせる、最低限の生活費を知る
- お金の不安を減らすためには「わからない」を減らす
- 積み立て投資を続けることは「頑張ってる」とは言えない

第3章

最も安定するFIREの方法は結局「仕事」

小鉄を探して

翌日の朝、僕は公園のベンチに座り、小鉄を遠巻きに眺めていた。

経緯はこうだ。

今朝、目が覚めたのは8時頃。昨夜の小鉄の言葉が気になって、眠りは浅かった。顔を洗って歯磨きをする。せっかくの土曜日だ。起きてしまったことだし、何をやろうか。

部屋には柔らかな朝日が差し込んでいる。天気がよさそうなので、溜まった洗濯物を片付けることにする。洗濯機を回し終わるのを待つ間、散らかった部屋の整理を始めた。

――努力をせずに成果だけを期待するのは虫のいい話ではありませんか。

昨晩の小鉄の指摘を思い出す。乱雑な部屋は、僕の考えの甘さを象徴しているように思えた。

掃除機をかけ終えたところで洗濯機が終了のメロディを鳴らした。洗濯物をかごに入れてベランダで干す。そこでまた小鉄の言葉を思い出した。

――これから話すのは、本当に大切なことです。

そんな言われ方したら、気になって仕方ないじゃないか。

小鉄は何を教えてくれるのだろう。

そう考えたら、いてもたってもいられなくなってきた。急いで洗濯物を干し終え、着替えを済ませると、朝食も食べないまま小鉄を探しに部屋を飛び出した。

難航するかに思われた小鉄捜索は開始十秒で終了した。

「あんなきれいな猫珍しいなあ」

「毛もふわふわでねえ。野良猫かしら」

なぜなら、家を出てすぐ、散歩している老夫婦の会話が聞こえてきたからだ。

「飼い猫だろう。首輪を付けてたし」

「それにしても全然触らせてくれなかったわね」

きれいなネコ。首輪。小鉄か……？　僕は足を止め、電柱にもたれかかるとスマホを見るふりをした。通り過ぎる老夫婦の会話をなるべく長く盗み聞きする作戦だ。

「なあ。触ろうとしたら後ろに飛びずさって」

「あなた、気のせいかもしれませんけど……」

「あ、お前も……？」

「そのときね、〝ご容赦を〟、ってしゃべったような……」

「やっぱり！　最近耳が遠くなってきたから聞き間違いかと――」

完全に小鉄だ！

「すみません！」

僕は通り過ぎかけた老夫婦を呼び止めた。二人は驚いて振り返る。

「そのネコ、どこにいましたか？」

僕の剣幕に押されたのか、二人とも目を丸くしている。

「えっと……」

「向こうの公園に……」

口ごもる奥さんをフォローするかのように、旦那さんが答えた。

「そのネコ、うちの子なんです。今朝から姿が見えなくて、探していまして」

僕はとっさに嘘をつく。

「ああ、そうでしたか」

「それは見つかってよかった。ところであの子、日本語を――」

「そんなまさか！　普通のネコですよ」

旦那さんの言葉にかぶせるように僕は答えた。しゃべれるネコがいるだなんて知れたら、町内で小鉄探しが始まってしまうかもしれない。自由を愛する小鉄のことだ。そんな煩《わずら》わしい事態が始まってしまったら、ここを去ってしまうだろう。僕は老夫婦を残して、急いで公園に向かった。

公園に着くとすぐに小鉄を見つけることができた。銀色のふわふわな毛玉がベンチの上で丸くなっている。五月の爽やかな風が小鉄の毛を優しく撫でていた。

近づいて話しかけようとしたが、思いとどまった。小鉄は、「ネコは寝るのが仕事だ」と言っていた。ということは、今一生懸命お勤めを果たしているのかも。

小鉄に気づかれないよう、少し離れたベンチに腰を下ろした。そうして、しばらくこの不思議なネコを眺めていたのだった。

大切な話とはなんだったのか。小鉄を見つけたら聞いてみようと思っていたが……。

青い空には雲一つなく、太陽の光が柔らかく降り注いでいる。その光は心地よく、まるで心まで温められているかのようだ。木々の緑が鮮やかで、風が吹くたびに葉がさわさわと揺れる音が耳に心地よく響いて、自分の心が落ち着いていくのを感じた。

目を閉じて、深く息を吸い込む。草の香りと土の匂いがする。

なんて穏やかな時間だろうか。しばらく、こんな日のことを忘れていた。いつだって、仕事やお金のことばかり考えていたけれど、それと同じくらい大切なことが、ここにはあるような気がした。

なんてことを考えているうちに、段々と僕の意識は薄れていった。

前向きな姿勢

「智也さん、何してるんですか？」

気がつくと、小鉄がベンチの横に座っていた。お尻と背中が痛い。いつの間にか、眠ってしまっていたらしい。小鉄を探していたと言うのもなんだか気恥ずかしくて、適当にごまかすことにする。

「まあたまには、散歩をね」

「こんな朝からですか？　土曜日なのに？」

「天気もいいしさ」

「昨日の話が気になっているんですね？」

ズバリ突かれて口をつぐむ。なんでわかるんだ。

「昨日わたしは、ＦＩＲＥを望みながら努力をしていない、と智也さんの姿勢を断じました」

辛辣《しんらつ》だが、その通りだ。

動画サイトで勉強をした気になり、そこで紹介されていた積み立て投資を続けて、資産ができるのをただ待つ。これまでの僕のＦＩＲＥに向けた活動は、考えてみればこれだけになる。

「そうした指摘を受けながら、わたしがする予定の〝大切な話〟が気になって仕方がない」

「うん」

「でも、努力が足りない、と言われた手前、すぐにわたしの話を聞こうとするのはさらに努力が足りないようで、恥ずかしい」

「はい」

「だから、今ごまかしたのですね」

「その通りです」

すべてお見通しだ。恥ずかしいけど、積み立て投資以外の「頑張る」方法が思い浮かばない。だから小鉄のヒントがほしくてたまらない。でも、そのことを素直に言えなくてごまかした。

その通りなんだけど、ここまで追い込むことはないじゃないか——。

「いいじゃないですか」

「えっ？」

小鉄から出た意外な言葉に驚いた僕は、思わず顔を上げた。隣の小鉄は起き上がって座り、優しい顔で僕を見ていた。

「わたしが部屋にくるのを待つより、よほど積極的な行動です。主体的に、何かを得ようと動き始めた証拠だと思います。ここまでお話ししてきた甲斐がありました」

予想外に褒められたことに感動していると、小鉄が付け加えた。

「まあ、結局そのまま居眠りしてしまう辺りは、まだまだですが」

一言多いネコだ。素直に褒めればよくない？

そんな僕の思いは我関せずといった様子で、小鉄はベンチの上でノビをした。

「せっかく天気もいいことですし、昨日の続きはここでやりましょう」

リスクは仕事で取る

「智也さんは昨日、リスクを取る必要があると言ってましたね？」

小鉄が話し始めた。周囲の目が気になったが、午前中、この公園は人気《ひとけ》もまばらだから大丈夫という。1万回生きたネコの言うことを信じて、僕は小鉄の説明に集中した。

昨日わかったことは4つだ。

・極端な節約はＦＩＲＥに届きうる

・堅実な投資ではFIREできない
・投機の方がまだ可能性があるが、リスクが高すぎる
・「堅実な投資でFIREを目指す」というのは、実はギャンブルだ。

節約の話をきっかけに、自分の最低限の生活費や価値観を認識することができた。しかし、月5万円で生活をする理子さんのように、極端に切り詰めることは自分には難しそうだ。

そして、今のままだと、豊かな老後生活は送れるとしてもFIREには届かないことがわかった。だから僕は、堅実なインデックス投資ではなく、もっとリスクを取った資産運用をしようと思ったのだが、それを小鉄に「違う」と一蹴されたのである。

「つまり、どういうことなの？　リスクを取る必要があるって言ったり、それじゃダメだって言ったり、よくわかんないんだよね」

「智也さんの勘違いは、〝リスクを取る＝投資でリスクを取る〟と考えていることです。投資でこれ以上のリスクを取るのは間違いです。リスクは〝仕事〟で取ってください」

いまいちピンと来なかった。本業でギャンブラーになれって話？

「ごめん、どういうことなの？」

「簡単です。投資で得るリターンと同様に、仕事で得るリターンを増やそうと考えてほしいんです」

「それはつまり、転職とか、副業をするってこと？」

「そうですね。他には起業も候補になります」

「いやいや、無理だよ！」

「なぜ無理だと思うのですか？　実際に転職してる方、副業してる方、たくさんいるじゃないですか」

「それはスキルがある人たちでしょ。僕にはそんなふうに市場で評価されるようなスキルがないんだよ」

「スキルがないなら、スキルを身につければいいじゃないですか」

簡単に言わないでほしい。それがどれだけ難しいことか。反論する前に小鉄が言葉を続けた。

「昔ならともかく、今なら無料で学ぶこともできますよね？　何がそんなに智也さんの行動を妨げるのですか？」

初めてされる問いかけだった。僕の何がここまで転職や副業、それに必要なスキルの習得を妨げるのか。少し考えて出てきた言葉はこれだった。

「頑張っても無駄になるかもしれない。うまくいくかわからないんだし」

「その通りです。そこで、はじめの話に戻ります。ここでリスクを取るんです。ここでいうリスクはお金のことではありません。〝無駄になるかもしれないけれど、頑張ってみる〟というリスクです」

失敗したらどうしよう

僕にとってリスクと言えば、お金を賭けて、それが増えるか減るかというイメージだった。でも「無駄になるかもしれないけど、頑張ってみる」、これも確かにリスクを取っていると言える。

面食らっていると、小鉄は続けた。

「よく考えてください。投機は失敗したらお金を失いますし、失敗する確率も高いです。それに対して、できないことをできるように努力する、このリスクはとても低いです。失うのはそれに費やした時間だけです。もし失敗しても、お金を取られないんですよ。それで、うまくいったら今よりも圧倒的にお金が手に入るようになって、ＦＩＲＥにも近づくんです。これをやらない理由って一体なんなんですか？」

「……確かにその通りだと思うよ。でも自信がないんだよ。失敗したらどうしようって考えちゃうんだ」

小鉄は首を傾げて、本当に不思議そうに聞いてきた。しっぽがピンと立っている。

「智也さんは、天才ですか？」

「天才だったら、こんなことで悩むわけないでしょ」

「違いますよ。初めてやることは、一発で成功しないのが普通です。にもかかわらず一発で成功できる人を天才と呼びます。普通の人は、何回も失敗して、段々とできるようになります。昔を思い出してみてください。体育の縄跳びや鉄棒、算数の九九、何度も失敗して、できるようになりましたよね？」

そう聞いて、久しぶりに子供時代のことを思い出した。鉄棒で初めて遊んだときに「逆《さか》上《あ》がりできないかもしれないからやりたくない」とは思わなかった。そういえば、僕はなかなか逆上がりができなくて、休みの日に父親に特訓してもらってようやくできるようになったのだった。

「もちろん、中にはいきなり逆上がりができるセンスのある子や、一瞬で九九をマスターする天才もいるでしょう。ビジネスでもすぐにスキルを習得して、稼げるようになるセンスのある天才はいます。でも、それはごくわずかな人なんです」

僕の目をジッと見つめた小鉄が言う。

「智也さんがごくわずかな天才じゃないなら、あのときと同じように、まずやってみて、当たり前のように失敗しながら、段々とできるようになればいいじゃないですか」

「でも、やってみて全然できなかったら？　そんなの、惨《みじ》めじゃないか」

「〝スキルの習得に失敗したからお前は惨めだ〟と、誰に言われるんですか？」

諦めるか、次の道を探すか

小鉄の鋭い切り返しに、思わず考え込む。もちろん、誰にも言われるわけがない。となると、惨めだと考えるのは自分自身だ。

「挑戦して、うまくいかないということが、本当に惨めですかね？　挑戦してる人を見て、智也さんはそのように思いますか？」

「それは……思わないかも」

「そうですよね。新しいことにチャレンジするのであれば、必ず失敗はします。ありとあらゆる人を見てきましたが、これは必ずおこります。歴代の成功を収めた飼い主も、すべからく〝失敗〟を経験しています。なので、分岐点があるとするならば、この次の行動です。そこで諦めるのか、それともできるまで次の道を探すのか。それだけです」

小鉄の言葉には、説得力があった。失敗するか失敗しないかは問題ではない。チャレンジをすれば、失敗は必ずする。その後の行動で、すべてが決まる。思えば僕自身、一度は副業に挑戦しようと思ったことがあった。しかし、思ったように成果が出ず、すぐに投げ出してしまったのだ。

小鉄の言葉を信じるのであれば、成果が出なかったことは問題ではなくて、その後、すぐに投げ出したことこそが問題ということだ。

「大丈夫ですよ。智也さんは昔、歩けなかったししゃべれませんでした。でも今は二足歩行どころかダッシュもジャンプもできるし、日本語はペラペラです。0歳のときの智也さんは、よろよろと立ち上がり、歩き出せずに尻もちをついても〝自分には二足歩行の才能がないんだ！　惨めだ！〟と諦めなかったはずです」

床に突っ伏した赤ん坊がやさぐれて「俺ぁいいんだ、才能ないし、もう四足歩行でやってくからよ」などと愚痴《ぐち》を言っている様子を想像し、そのシュールさに思わず吹き出してしまった。

「ハハ、本当にそうだね」

「そうですよ。智也さんは天才ではありません。安心して失敗してください」

天才ではない。

そう言われると、今までだったら自分の存在を否定されたような気分になっていた。でも、今回の小鉄のこの言葉は、僕を勇気づけた。そうだ。なんで、すぐにうまくいく前提で考えていたんだろう。

「大変かもしれないけど、ちょっと頑張ってみようって思えたよ」

「ちなみに、大変かもではなく、間違いなく大変です」

「やっぱそうなの……？」

「なぜ仮想通貨やＦＸならリスクを取れる人が多いのか。それは、簡単だからです。極端な話〝買う〟〝売る〟のボタンを押すだけだからです。それに比べて、新しいことで稼げるようになるのは大変です。わからないこと、勉強しないといけないことだらけです。ひとつ乗り越えたと思ったら、次の壁が出てくるでしょう。でも、だからこそやるんです。というよりも、若くしてＦＩＲＥを目指すならこの道しかほぼありません」

「この道しかない？」

「そうです。わたしの知る限り、節約や投機での達成はレアケースであり、若くしてＦＩＲＥを達成する人のほとんどが、結局のところ収入を増やすことで達成しています」

「それを早く教えてよ！」

「わたし、言いましたよね。仕事を頑張るのが一番だって」

確かに何度か言っていた。それを聞こうとしていなかったのは他ならぬ自分自身だった。

「でもさ、頑張った先に、本当にＦＩＲＥ達成できるもんなのかな」

「そうくると思っていましたので、実例をお見せしましょう」

あ、来る。

と思ったときには既に小鉄のおでこが眼前に迫っていた。朝の公園で気を失うってヤバいでしょ！　そう文句を言う間もなく、僕の意識は飛ばされていた。

ＦＩＲＥ成功パターン：星野健太郎《ほしのけんたろう》（29歳）男性

アフィリエイトブログでＦＩＲＥ

今度の部屋は、僕の部屋と大して変わらない、普通のアパートに見えた。

「健太郎さんは、副業のアフィリエイトブログでＦＩＲＥをしました。これは退職する1年ほど前の彼の1日ですね」

実際にＦＩＲＥするくらい副業を頑張ってる人のリアルが見られるというの

は、これから頑張りたい僕にはありがたい話だ。

「ちなみに健太郎さんとはどんなふうに出会ったの？」

「それは良く覚えています。わたしの体調が悪く、道端で倒れてしまったところを彼が拾って助けてくれたのです」

「命の恩人じゃん！」

「まさにそうですね。病院に連れて行ってくれて、元気が出るまで自宅で面倒を見てくださいました。彼にはとても恩義を感じています」

「それじゃあそのまま一生を添い遂げたんだ」

「いいえ、ひと月ほどお世話になってから出ていきましたけど」

僕はズッコケそうになった。

「なんでだよ！」

「え、体が治ったので」

「結構ドライなんだね」

「そうですかね？」

何を当たり前のことを、というように小鉄は首を傾げた。彼の中では、１人で自由気ままに過ごすことが普通なのだろう。

「そんなことよりも、健太郎さんの日常をご覧ください」

ということは、いずれ僕の家にも来なくなってしまうのだろうか？　そんな不安が頭をよぎったけれど、小鉄と一緒に健太郎さんの生活に目を凝らした。

朝7時、アラームが鳴り響くと、健太郎さんはのそのそとベッドから起き上がった。眠たそうな目をこすりながら、すぐにパソコンを開き、前日のブログのアクセス解析と、当日の収益を確認する。夜間のアクセス数や広告収益をチェックし、日々の成長に一喜一憂するのが彼のモーニングルーティンのようだ。健太郎さんは、ＰＣの画面を見てニヤリと笑った。

「なんで今笑ったの？」

「おそらく、前日の売上がよかったのでしょう。彼の密《ひそ》かな楽しみですね」

確かに出社前に副業の売上がよかったのなら、それはもう最高だろう。きっと僕だってニヤニヤしてしまう。

副業のために本業を効率化

8時過ぎ、PCでメール返信をしながら簡単な朝食を済ませた後、スーツに着替えて通勤をする。電車の中でSNSをチェックし、有識者の使えそうな手法や、自分のブログに活かせそうなアイデアを見つけるたびに、メモアプリに書き留める。彼のスマホには、次々とアイデアやタスクが追加されていた。

オフィスに到着すると、健太郎さんはデスクに座り、パソコンを立ち上げる。まずは、本業の業務メールを確認し、重要なものに目を通す。彼は適度に手を抜くため、効率的に仕事を進めることに長けていた。

「健太郎さんの仕事っぷりは見事だね。重要な会議や上司からの依頼はしっかり対応してるけど、絶対に自主的に手をあげないし、早くタスクが終わっても次の仕事を取ってくることもない」

「それって、見事なんですか？」

呆れた目つきで小鉄が疑問を投げかけてくるが、僕は本当にそう思う。結局たくさんの仕事をこなしても、また新しい仕事が降ってくるだけで、ただ大変な目にあうだけだからだ。仕事をこなした量でお給料や評価が上がらないなら、必要以上に頑張る必要性を感じないのは仕方がないことではないだろうか。

見事な定時ダッシュ

午前中の仕事の合間、健太郎さんは隙間時間を見つけては、記事のタイトル案と構成案を考える。会社のPCで自分のサイトにログインをしてはバレてしまう可能性があるため、手帳に手書きで、仕事のメモをするふりをしながら行われる。

彼の「一見仕事をしてるように見えるのに、実際は全然違うことをしている」スキルは、達人の領域だった。たまにトイレに行くふりをして、個室でスマホをいじりながら文章を書き進めることもある。

12時、ランチタイムになると、健太郎さんは1人で社外のカフェに向かう。簡単な食事をしながら自分のノートパソコンを開き、ブログの更新作業を行う。午前中のメモを元に、記事構成を完成させて、外注しているライターたちに指示を飛ばす。同僚との交流を避けるのは、昼休みの貴重な時間を、自分の作業にあて、没頭するためだろう。

午後の業務中も、健太郎さんは本業に支障が出ないようにしつつ、頭の片隅では常にブログのことを考えている。会議中にもふとアイデアが浮かぶと、手元のメモに書き留めることを欠かさない。必要な業務は手早く終わらせ、ブログに関する時間を少しでも多く確保する。

午後6時、定時になると、健太郎さんはさっさと退社の準備をする。残業を滅多にしない健太郎さんへの会社の目は厳しいが、業務時間内でやるべきことをこなしているので文句は言えない。

オフィスを出ると、再びスマホを取り出す。通勤電車の中では指示を出したライターたちへの返信や、文章のフィードバック、ＳＮＳでの投稿活動を行う。彼のスマホには、多くのフォロワーからのメッセージが届いており、それにひとつひとつ丁寧に対応する。

「定時ダッシュ。お見事！」

「お見事ですか、それ？」

僕にはわかる。たとえ自分の仕事がもうないとしても、皆が仕事をする中、1人だけ定時で帰宅するのはプレッシャーが強くかかる行為だ。上司が残っているならなおさらそうだ。それを押し通している彼の意志の強さは称賛に値する。

「なんか、今日の智也さんは少しテンションが変ですね」

「僕が会社でしたい理想的なムーブを実演しているからね。そりゃテンションも上がるよ」

月収100万円超え

帰宅後の夜7時、健太郎さんは夕食を簡単に済ませると、再びパソコンの前に座る。ここからが彼の本番だ。外注のライターには任せられない重要なブログの記事を書き進めたり、リライト（修正作業）を行う。合間に来るライターからの連絡にも素早く返信をする。

もともとは全ての作業を自分で行っていた健太郎さんだったが、副業収益が増えていくのをきっかけに、外注もし始めた。つまり、「自分がやらなくてもいいことは、お金を払ってでも誰かにやってもらう」ということで、この戦略は彼にピタリとハマった。

はじめは外注をしても思い通りのものが出てこず、修正だらけで「これなら自分でやった方が早いぞ」と頭を抱えていたりもしたが、未来のことを考えグッと堪《こら》え、粘り強く外注先を教育し、同時にマニュアルも整備していった。

その甲斐もあり、今では万全の体制ができ上がっており、それが彼のブログアフィリエイトのビジネスを加速させた。月収は外注費を差し引いても100万円を超える。調子がいい月は300万円を超えることだってある。

夜12時を過ぎ、ようやく一日の作業を終えた健太郎さんは、次の日の計画を立てる。新しい記事のアイデアや、改善点をメモに書き留め、明日への準備を整える。最後に今日1日の収益を確認して口角を上げる。少し疲れた表情を浮かべながらも、満足感にひたりつつベッドに入った。

しかし、スマホの通知を確認すると再びベッドから起き上がり、PCのスリープを解除した。ライターから急ぎの連絡があり、それの対応を行うのだ。眠い目をこすりながら、その対応は深夜にまで及んだ。

圧倒的なハードワーク

「いや、ずっと働いてるじゃん!」

公園のベンチで目を覚ました。叫んでしまい慌てて周りを見渡すが、小鉄の言う通り、誰も来なかったようだ。

ゆったりとノビをしながら小鉄が言った。

「智也さん、はっきり言って、副業で成果を上げる人たちからすると、これは〝普通〟です。彼はもう3年以上この生活をしています」

「嘘でしょ⁉」

「嘘じゃないです」

「でもさ、FIREした人たちの発信を見てると、かなり優雅な生活してるよ」

「あれは、そういう見せ方をしているという側面と、ある程度成果を出すと楽できるという側面の2つがあります。副業の種類によっては、10万円を稼ぐ労力と、100万円を稼ぐ労力に大きな違いがなかったりしますし、ある程度の仕組化もできるようになりますから」

あまりにも違う世界の話で唖然としてしまう。しかし、FIREする人からするとこれも「当たり前」の基準なのだろうか。

「ただいずれにせよ、立ち上げてから軌道に乗せるまで、成果を出す人は圧倒的にハードワークをしていることが多いです。副業というより、意識としては〝複業〟でしょうね」

「確かに、どっちが本業？　って感じだったね。もはや副業のほうがメインに感じたよ」

「もちろん、はじめは1日1時間からでいいと思います。誰もが健太郎さんみたいな1日を過ごせるわけではありませんから。しかし、〝副収入で2、3万円ほしい！〟みたいな人ならともかく、FIREを目指すのであれば、1日1時間の副業ではどうにもならないのはわかってもらえるかと思います」

「なんか、とんでもない世界を垣間見たよ……」

「でも、智也さんもFIREを目指す以上、基準はここですよ。1人だけだと実感が湧かないと思うので、もう1人お見せします」

「ちょっと待って！　もうお腹《なか》いっぱいだよ」

頭を振りかぶる小鉄を阻止する。それでもなおグググと力を入れてくる小鉄の顔をなんとか遠ざけた。

「なんで止めるんです？　早く知れた方がよくないですか？」

「それはそうなんだけど……、お腹空《す》かない？」

言ったそばからお腹が鳴った。もうすぐお昼なのに、朝から何も食べていないのだ。

「お腹いっぱい、と言いながら、お腹が空くのですね」

小鉄は皮肉を飛ばしてくるが、まんざらでもない様子だ。しっぽがゆらゆらと優雅に動いている。

「付き合ってあげないこともありません」

いりこ出汁のうどん

「うまっ」

麺をひとすすりして、僕はその芳醇《ほうじゅん》な味わいに驚いていた。公園から家に向かう途中、スマホでいりこ出汁のレシピを調べていたら、「簡単絶品シンプルうどん」という動画を見つけた。

水300ミリリットルに煮干し10匹を入れて、5分煮出す。出汁がらを出したのち、醤油と塩で味付けをしてスープの完成。どんぶりにチンした冷凍うどんを入れスープを注ぎ、お好みで揚げ玉とネギをのせるだけ。簡単そうなのでコンビニでいりこ以外の材料を買って作ってみたら、予想を超える美味《うま》さだった。

今まで全然料理に興味はなかったけれど、もしかしたらこれが第一歩になるかもしれない。自炊はいくらか節約にもつながるだろう。

完食した頃、いつの間にか小鉄がベランダに現れた。

窓を開けて入れてやる。少し散歩してから来ると言うので公園で別れたのだった。

部屋に入るなり、小鉄が鼻をくんくんさせている。

「煮干しですね」

ネコは鼻が利くという。部屋に漂う匂いに気づいたようだ。好物のはずなのになぜか表情が険しい。

「前に小鉄が言ってた煮干しの出汁、試してみたんだ。うどんにしたんだけど、めちゃくちゃうまくてさ」

「まさかとは思いますが」

姿勢正しく僕を見上げてくる。眉間《みけん》の皺《しわ》が深い。

「もちろん取ってあるよ」

僕は台所から小皿に入れた煮干しの出汁がらを持ってきた。捨てられたと思って気分を害したのだろう。安心させるように小鉄の前に小皿を置く。

「はい、お食べ」

「なんです？　これ」

まっすぐに僕を見つめてくる小鉄。いやいや、この間はあんなに大興奮してたじゃないか。何この塩対応。

「何って、煮干しだよ。香川県伊吹島産だよ？」

クンクンと匂いを嗅いだものの、口をつけることなく、鼻先の小皿をペシッと遠くへ飛ばした。しっぽをたしたしと地面に叩きつけながら小鉄は言った。

「違います。これは抜け殻です。煮干しではありません。〝煮干しだったもの〟です」

どうやら、強いこだわりがあるらしい。出汁をとったあとの煮干しではダメなようだ。

「智也さん、うどんがおいしいとおっしゃいましたよね？　それはなぜか。そう、煮干しで出汁をとったからです。煮干しのおいしい部分をうどんに入れたので、おいしくなったのです。でもその抜け殻は、煮干しのおいしい部分がなくなったものです。そんなものは、煮干しではありません」

相変わらず、煮干しに関しては饒舌だ。なんで僕が怒られているのかは謎だが、こんなこともあろうかと、少しだけ出汁に使わずに残しておいた。台所から袋を持ってきてサッと取り出すと、小鉄のお説教はピタリと止んだ。僕の手元の煮干しに、視線が釘付けだ。

面白いので、そのまま手を右へ左へ動かしてみると、小鉄の視線はそれを自動で追尾する。こういうところは、ネコそのものだ。思わず頬が緩んでしまう。

「抜け殻じゃない本物もまだあるんだよね」

「それを早く言ってくださいよ」

爛々《らんらん》と輝く瞳の小鉄を見ていると、いつまでも煮干しをあげない方が意地悪をしているようでかわいそうだ。折角なので軽く放り投げてみると、しなやかな肢体《したい》で見事なジャンピングキャッチを決めて見せた。

「おおー、すごい」

「ありがとうございます。でも、煮干しで遊ぶのはお行儀がよくありませんよ」

煮干しにがっつきながら注意されたが、面白かったので残りの煮干しも投げて与えた。文句を言いながらも全てキャッチをして平らげる様子が愛おしかった。

僕にできること

煮干しを食べ終えた小鉄はベッドの定位置で眠っている。

この間は小袋を全部食べたが、今日はそこまでお腹が空いていなかったのか、4匹食べると煮干しに興味を示さなくなった。公園を出た後、どこかの家でおやつでももらったのかもしれない。

食器を片付けペットボトルのお茶を持ってきた僕は、ソファに座って自分にできることは何かないかと考えてみた。

仕事でリスクを取る。まっすぐに考えるなら、転職や副業はわかりやすいだろう。すぐに転職をする勇気は持てなかったので、ひとまずお金があまりかからない副業を考えてみることにした。

パソコンでおすすめの副業について改めて調べるうちに、「動画編集」がいいのではないかと思い始めた。理由は単純。僕はいつもたくさんの動画を見ているから、それを自分が作る側になるというのも、面白そうだと思ったからだ。

調べてみると、今使っているPCのスペックでもなんとか編集はできそうだし、費用も編集ソフトが月額3000円程度かかるだけだった。

はっきり言って、自分にそんなことができるようになるのかはわからなかった。それに、うまくいくかもわからない。

でも、小鉄の言う通りで、そんなことは当たり前だ。

僕は、「うまくいかないかもしれない」というリスクを取ってみることにした。ソフトを購入して、実際に触っているうちに、いつの間にか日は暮れていった。

不動産投資でＦＩＲＥ

　その日の夜、夕食を食べ終えると、いつものようにソファに腰掛けた。珍しいことに小鉄はその後出かけもせず、ベッドで寝続けた。夕飯には煮干しを３匹しか食べず、ドライフードには目もくれなかった。ウェット系の方が好みなのか聞くと、あれは噛《か》みごたえがなくて食べた気がしない、と一蹴された。相変わらず食へのこだわりは強い。

「今日はもう１人、ＦＩＲＥで成功した方のパターンをお見せします」

　ＰＣを開いて始めたばかりの動画編集の練習をしようとしたところ、小鉄が口を開いた。

「大丈夫？　食欲ないみたいだけど。休んでたら？」

「先日、おいしい煮干しに取り乱して食べすぎてしまったようです。胃もたれも落ち着いてきたので心配には及びません」

「ネコも胃もたれするんだね」

「同じ哺乳類ですから」

　小鉄がベッドからソファに移動してきて僕の隣に寝そべった。

「今からお見せする拓海《たくみ》さんは、不動産投資でＦＩＲＥをされた方ですね」

　おいおい、ちょっと待ってくれ。

「いやいや、不動産投資って、仕事じゃなくて投資じゃん。今までの話なんだったの？投資でも結局ＦＩＲＥできるってこと？？」

「落ち着いてください。わたしが不動産投資をこのタイミングで紹介したのには理由があります。というのも、不動産投資は株式投資とは全く違います。ボタンひとつで売買もできなければ、〝これ買っておけばＯＫ〟なんて銘柄を教えてくれる人もいません」

「それでも投資は投資でしょう？」

「実際にやってみるとわかりますが、これは〝不動産賃貸業〟という副業です。少なくとも、インデックス投信を買うのとは全く違います。とはいえ説明するよりも、見て頂く方が早いですね」

僕の文句を封殺するように、小鉄のおでこが眼前に飛んできた。いつもよりも勢いのあるその衝撃で、僕の意識は飛んだ。

FIRE成功パターン：藤林《ふじばやし》拓海（33歳）男性

出社前からめちゃくちゃ働く

今回の部屋は、きれいにしているが、年季を感じる造りだった。僕の築25年のアパートよりも、さらに古い建物のように見える。

朝5時30分、アラームの音が響き渡る中、拓海さんはベッドから起き上がった。外はまだ薄暗いが、彼にとってはもう日課の始まりだ。彼はまず身支度を整えると、リビングにあるデスクへと向かう。パソコンを立ち上げ、メールチェックと物件検索を開始する。管理会社からの連絡、そして新規で出てきている物件のチェックをしながら朝食を簡単に済ませ、スーツに身を包んで家を出る。

通勤電車の中でも、スマートフォンを片手に不動産会社からの直接の物件紹介情報のチェックや、新規購入物件についてのやりとりを行う。その合間に、気になる不動産ニュースや市場動向の記事をチェックすることも欠かさない。

「既にめちゃくちゃ働いてる……。まだ6時前なのに」

「FIREを目指す人は、圧倒的に出社前に働く人が多いですね。誰にも邪魔されず、自分の仕事に集中できるからでしょう。わたしは眠いので無理ですが」

「わかる。僕も朝は無理だ」

夜行性の自分とは違って、あなたはただ怠惰《たいだ》なだけでは？　とでも言いたげな雰囲気は無視して、再び拓海さんの様子に目を向ける。

並々ならぬ努力と時間管理

オフィスに到着すると、9時から本業の仕事が始まる。拓海さんはIT企業のプロジェクトマネージャーとして働いており、業務は多岐《たき》にわたる。ミーティング、クライアント対応、プロジェクトの進捗管理など、目まぐるしいが常にスケジュールを把握し、効率よく業務を進めることに努めている。

昼休みになるとランチに出かけるが、スマートフォンを手放すことはない。電話やメールに対応しながら食事を取ることがほとんどだ。内見の予約の電話をしたり、不動産管理会社や金融機関との打ち合わせが入ることがしばしばある。

午後も忙しく働き、仕事が終わっても拓海さんはすぐに帰宅をしない。当たりを付けた物件の現地視察と、周辺の不動産屋にヒアリングに向かう。移動に時間はかかるが、現地に行って周辺環境も含めて判断するのをとても大切にしている。ネットの情報だけではなく、実際に話していく中で得られる情報は役に立つことがとても多い。

そして夜遅くに帰宅しても、まだ彼の一日は終わらない。夕食を簡単に済ませた後、再びパソコンに向かい、その日の業務の振り返りや翌日の計画を立てる。物件の管理状況を確認し、必要な対応を行うことも欠かさない。

夜11時を過ぎ、ようやく一日の業務が一段落すると、拓海さんは短いリラックスタイムを取る。ストレス解消のために軽いストレッチをしたり、短い瞑想《めいそう》を行うことが日課だ。そして、翌日のために早めに就寝する。

拓海さんの平日は、朝から晩まで忙しさに満ちている。彼は本業と副業の両立を見事にこなしているが、その背後には並々ならぬ努力と時間管理のスキルがある。

FIRE達成者が多い不動産投資

「だから働きすぎだって！」

再び目を覚まして叫んだ。ハードワーカーばっかりだ。

「何度も言いますが、若くしてＦＩＲＥをするのであれば、こちらが〝普通〟です」

「一握りの人しかできないよ、こんなの」

「何か誤解してませんか？　若くして経済的自立をして、会社を辞めるなんて異常なことなんですから、異常なことをしてるに決まっているじゃないですか。誰にでもできる簡単な方法があるなら、ニンゲンみーんなＦＩＲＥしてますよ」

何も言えなかった。自分が目指していることの困難さがようやく身に染みてわかってきた。50代で引退するような、アーリーリタイアだってほとんどの人にとっては夢なのだ。それを20代や30代で成し遂げようと思うなら、難しいのは当然だった。

「ちなみにわたしが見てきた限り、不動産投資はＦＩＲＥ達成者がそこそこ多いです。物件が増えていけばそれがそのまま定期収入になっていくので、わかりやすくＦＩＲＥができますね」

「それはいいね」

「ただ、始めるのに自己資金がある程度いること、融資を引くので借金をする必要があるということ、不動産業の知識がいること、投資するエリアの知識がいること。などなど、クリアすべきハードルは高いですが」

「前提条件、厳しくない……？」

「そりゃ厳しいですよ。簡単なら、みんなやってます。これらをひとつでも楽をしようとすると、騙《だま》されるのでご注意ください。楽してFIREしようと考えると、高確率でカモにされます」

楽にFIREできると思ったら、それは詐欺

「最近だと、ワンルームマンション投資の詐欺なんかは有名ですよね」

詳しくは知らないが、ネットニュースで見たことがある。騙された人たちの中にはエリートサラリーマンや、お医者さんのような賢い人も大勢いたというから驚きだ。

「儲けようとしたのに逆に騙されてしまう人はとても多いです。なぜ騙されてしまうのかというと〝楽をしようとしたから〟です。〝なにも考えずに、この通りにすれば大丈夫！〟なんてことはありえないのです」

「楽したくなる気持ちはよくわかるなぁ」

「なにもこれは、不動産投資に限った話ではありませんよ。はっきり言って、〝FIREしたい〟と言ってる人は、とても騙しやすいです。働きたくない人は、努力をしたくないケースが多いからです」

「うっ……」

胸に小鉄の言葉が突き刺さった。それはもう、完全に、自分のことだった。実のところ過去に何度かそういった商品を買いそうになったこともある。動画を見ていたら、登録するだけで10大特典！　というようなメールマガジンに誘導されて、そこで送られてくるメールでセールスされたのだ。当時の僕はお金がなかったこともあり、悩んだ末に諦めたが、それは賢明な選択だったようだ。

「今まで実際に見てきてわかって頂けた通り、努力なしでFIREに到達はできません。唯一あるとしたら以前お話しした、投機ですが、もちろんここに再現性はありません」

「やっぱそうだよね」

「FIREを目指すのであればなおさら、絶対に覚えておいてほしいことがあります。それは〝おいしい話〟でFIREした人は1人もいないということです。低確率などではありません。ゼロ人です」

ゼロ人……。小鉄の言葉に熱が入る。

「逆に、おいしい話に騙されて不幸になった人は、たくさん見てきました。ちょっとお金を失う程度ならまだいいですが、徹底的にはめ込まれて破産した人だっているんです」

おそろしい。その人たちのことを笑う気はおきなかった。自分にだって、そうなっていた可能性があるからだ。それこそ今、この話を聞いていなかったら、明日にでも引っかかっていたかもしれない。

「FIREを目指して頑張っているのに、そのための行動でお金を減らしてたら世話ないですよ」

小鉄のしゃべり方から、本当にそうなってしまう人が多いんだなということがよくわかった。肝に銘じたい。

段々と、FIREの現実がわかってきた。FIREに到達する楽な道なんてものはなくて、結局のところ飛びぬけた努力を続けた人たちがたどり着く世界なのだろう。

「小鉄、僕も覚悟を決めて、副業をバリバリ頑張ってみるよ。実は動画編集の勉強を始めたんだ」

「それは素晴らしい。でも、ひとつとても大事なことがあります」

「わかってるよ。努力を続ける、でしょう」

「それについてはもうお伝えしました」

「じゃあなに？」

小鉄はしばしば毛づくろいをしたのち、僕を見上げて言った。

「こんなふうにＦＩＲＥしても、あんまり幸せにはなれません」

「ハァ!?」

過去一のバカでかい声が、僕の部屋にこだました。

第３章のまとめ

- 現実的にＦＩＲＥするなら「仕事」を頑張るのが一番
- ＦＩＲＥしたいなら、リスクは「仕事」で取る
- 「うまくいくかわからない」というリスクを取って挑戦をする。はじめから何でもうまくいくと思わない
- 若くしてＦＩＲＥするならハードワークは大前提
- 楽にＦＩＲＥできる話が来たら、全て詐欺

第4章

そもそもFIREって本当に必要？

副業で得た初めての収入

僕は、本腰を入れて動画編集の副業を始めることにした。

ＦＩＲＥしても幸せにはなれない。

小鉄に言われた言葉が僕の心で燻《くすぶ》っている。しかし、やってみなければわからないこともある。「仕事でリスクを取る」ことを体験してからでも、「幸せになれない理由」を聞くのは遅くないはずだ。うまくことが転ぶ可能性だってゼロではない。僕は小鉄にそう話し、答えを聞くのは少し先にしてもらったのだった。

動画編集は、わからないことも多かったけれど、動画サイトにアップされている入門動画を見ながら少しずつ操作方法を覚えていった。こんなことをしても、稼げるようになるかわからないし、自分に向いているかもわからない。でも、だからこそやってみる。それが、「仕事でリスクを取る」ということなんだと、僕は自分に言い聞かせた。

意外にも、簡単な編集をするだけなら覚えることはさほど多くなかった。時間はかかるものの、調べながらであれば最低限の作業はすぐにできるようになった。

しかし、問題は案件の獲得だった。動画編集を覚えたての自分は、どうやって仕事を取ればいいのだろうか。

手始めに案件獲得方法の動画をいくつも見た。そこで紹介されていた仕事をしたい人と募集したい人をつなげてくれる、クラウドソーシングサービスに登録して、実際に応募してみる。しかし、全く採用されることはなかった。

やっぱり無理じゃん、と気分が萎《な》えそうになったとき、小鉄の言葉を思い出した。

「智也さんは、天才ですか？」

そうだ。違う違う。僕は、天才じゃない。一発でうまくいく方がおかしいんだ。

どうすれば、僕に仕事を依頼したいと思ってもらえるだろうか？

散々悩んだあげく、僕は動画編集のスキルアップも兼ねて、既にアップされている人気動画を真似て、全く同じような編集ができないか試してみた。実績のない僕に依頼してもらうのだから、せめて「人気動画と同様のことはちゃんとできますよ！」というアピールが必要だと思ったのだ。

これは大変だけれど、やってよかった。真似していく中で「あれ、これはどうやるんだ？」と調べたり「ここがどうしても同じにならない」と悩むことによって、ひとつずつ実践的なスキルが身についていった。時間はかかったけれど、段々と実際にアップされている動画と近い編集ができるようになっていた。

このスキルアップと並行して、しつこく応募しているうちに、はじめて1件の仕事をもらうことができた。思わずパソコンの前でガッツポーズをしてしまうくらい嬉しかった。

僕は丁寧にその人の動画を作り、何度か修正がありながらも、初めての報酬をもらった。その金額は、4000円。決して多くはないけれど、自分の力で稼いだお金というのは、本当に特別に見えた。

本業と並行して副業を行うのは大変だし、ここまで何十時間も使ってようやく稼げたのが4000円という金額だったけれど、僕の胸にはなんとも言えない期待感が高まっていた。

何も持ってなかった自分が、ゼロから努力して成果をあげることができたのだ。無駄になるかもしれないと思いながらも、失敗しながらも、新しい挑戦をすることができたのだ。こんなに嬉しいことはない。

この特別な4000円は、大切なことを教えてくれた小鉄のために使おうと、そう決めた。

大羽《おおば》の伊吹いりこ

小鉄の衝撃的な言葉を聞いてから2週間後が経過した、金曜日の夜、僕は香川県産の煮干し「伊吹いりこ」、それも大きめなサイズの「大羽」をたっぷりと買って帰ってきた。

家に帰ると、あの日以来僕の部屋に入り浸っている小鉄がベッドの上でまどろんでいた。

こちらに視線をチラリと向けたので、真っ先にレジ袋から贈り物を取り出した。大量の煮干しを目にした小鉄はしっぽをピンと立てて飛び跳ねた。比喩ではなく、本当に垂直に飛んだのだ。チリンと元気な鈴の音が鳴る。

「智也さん、これは、まさか……」

「伊吹いりこ、〝大羽〟だよ。今日は宴《うたげ》だ！」

「これはすごい！」

僕は小皿に煮干しを入れて、小鉄に差し出した。準備をしている間も、小鉄はそわそわと僕の周りをウロついていた。

煮干しを楽しむ小鉄の頭を軽く撫でながら、僕は感謝を口にした。

「君のおかげだよ」

「違いますよ。頑張ったのは智也さんじゃないですか」

「ううん、その頑張れたのが、君のおかげなんだ」

「智也さんの人生がうまくいっているのなら、わたしは嬉しいです」

そう、小鉄と出会ってから、自分の人生がうまくいっているような気がする。もちろんまだまだFIREは遠いし、副業で稼いだ金額もたったの4000円だけれど、色々なことを学べている。少しずつ、いい方向に動き出しているような感覚があるんだ。これからも、小鉄がいてくれれば、僕はきっと大丈夫だ。

「まだまだ、教わりたいことがたくさんあるんだ。ねえ小鉄、ずっと一緒にいてくれる?」

「…………」

「小鉄?」

「智也さん……」

いつもと違い、弱々しい声だった。煮干しを食べるのをやめた小鉄が、こちらを見上げる。耳が後ろに倒れて、その目はいつもよりも頼りなく見えた。

「実は、それはちょっと、難しいかもしれないんです」

「えっ……?」

「1万回目の猫生は、そろそろおしまいみたいです」

手に持っていた煮干しの袋が滑り落ちる。床に落ちた衝撃で、煮干しがパラパラと散らばってしまった。

余命1ヶ月のネコ

うすうす感じてはいた。

最近眠る時間が長かった。ネコは体調が悪くなると体力回復のためいつも以上によく眠るという。

ずっとうちに入り浸っていたのは動くのが億劫《おっくう》になってきたからだろうし、煮干しを残すのは食が細っているからだ。

だから労《いた》わらなければ。長生きしてもらわなければ。そういう思いもあって、大羽のいりこを買ってきたというのに、まさか既に寿命がそう長くはないなんて。

僕たちは夕食後、ソファに並んで座りその件について話し合った。

「本当にもう長くないの？」

小鉄は隣で丸くなったまま答えた。

「ええ、これまでの経験から言いますと、もってあと1ヶ月というところだと思います」

「1ヶ月……」

副業に向けてようやく動き出したところだというのに。教わりたいことはまだまだあるのに。

「そう気を落とさないでください。寿命ですから」

「小鉄は何度も生きているから割り切れるかもしれないけどさ、僕にとっては初めてなんだよ」

僕はやるせなさを抑えようと、テーブルの上に置いたいりこの大袋から数個取り出して口に放り込んだ。

「いりこを食べるのはいいことです。カルシウムには脳の興奮を抑制する働きがあります」

「はぐらかした」

「はい」

僕がいりこを咀嚼《そしゃく》する音が静かな部屋に響く。小鉄がそれをほしがらないのが、たまらなく寂しい。

「小鉄は別れに慣れているから、落ち着いていられるんだろうね」

「慣れてはいますが……望んでいるわけではありません」

思わず小鉄を見た。猫生を何度もやり直せる。これは幸せなことなんじゃないかと思っていた。失敗したって次の生で挽回できる。そう思うと猫生にも余裕が出てくるだろう。時代、国、飼い主など生を受ける環境は様々なようだが、気に入らなかったら、次があるのだ。小鉄に漂う自由な優雅さは、余裕からくるものだとばかり思っていた。

そんな驚きを伝えると、小鉄は小さく息を漏らしてから答えた。

「無限にライフのあるゲームを想像してみてください。死んでも死んでもやり直せます。これは果たして、楽しいでしょうか」

僕は幼少期にハマったゲームを思い出した。何度やってもクリアできず、ライフが無限にあったら、と願ったものだ。

「楽しいんじゃないかな……？　クリアできそうだし」

「おっしゃる通り。ゲームはクリアという最終目的があるので、やり直しがきいたら楽しいでしょう。でも、猫生のクリアとは、果たして何なのでしょうか？」

僕は思わぬ質問に考え込む。

「人生と言い換えていただいても差し支えありません」

人生のクリア。僕にとっては——。

「なかなか難しい質問ですよね。1万回生きているわたしですが、いまだに答えは出せていません。クリアを何に設定すればいいのかを。だから、望んでいるわけではない、とお答えしました。生が続く限り、そのことを考えなければならないので」

「僕にとっては、今のところ、FIREを達成することじゃないかな」

絞り出した答えはそれだった。FIREして幸せに暮らす。それが僕の設定した人生のクリアだ。

「本当にＦＩＲＥしたら幸せになれると思いますか？」

僕を見つめる小鉄の目に力がこもった。

「そうだと思う。資産を築いて会社を辞めて悠々自適に暮らすんでしょ？　こんなに幸せなことはないよ」

「わかりました」

小鉄が体を起こして居ずまいを正した。

「先日わたしは、ＦＩＲＥしても幸せになれない、と言いました。ちょうどいい機会なので、その実例を見ていただきたいと思います」

小鉄のおでこが迫ってくる。

ついに、２週間前の小鉄の言葉の意味を知るときが来た。

FIRE失敗パターン：星野健太郎（30歳）男性

二度と仕事なんてしない

「先日お見せした、FIREを達成した直後の健太郎さんです。あのとき運営していたサイトを軌道に乗せて売却し、7000万円の資産で、余裕をもってFIREを達成しました」

「7000万円……。羨ましすぎる……」

「実際の様子を見ていきましょう」

健太郎さんは、念願のFIRE生活を満喫していた。

朝は自然に目が覚めるまでぐっすり眠り、ゆっくりとした朝食を取る。窓から差し込む朝日を浴びながら、お気に入りのコーヒーを一杯飲み、今日のプランを考える。時間に縛られることなく、自分のペースで過ごせる贅沢さを心から味わっていた。

朝食を食べおわると、おもむろにゲームを起動した。今は基本プレイ無料の

ＦＰＳゲームにハマっている。時には名作と言われているＲＰＧをプレイし、一人でじっくりとストーリーを進めることもあるし、やりこみ要素の高いローグライクゲームを気が済むまでやる日もある。

ゲームに疲れたら、映画やアニメを楽しむ時間だ。昔から観たかった名作や、話題の最新作、さらにはドキュメンタリーまで、ジャンルを問わず様々な作品に触れることで、知識と感性が豊かになっていくのを感じた。

会社員時代では手が出せなかったシーズン10まであるような海外ドラマも、ひるまずたっぷりと楽しむことができた。

明日は、ブロガー時代の仲間たちとの飲み会も予定されている。きっと、ＦＩＲＥした直後の自分には、色々な質問が集中するだろう。彼らにも、この生活のよさを力説しよう。

切りのいいところまで見た海外ドラマを止めて、ソファで思いっきり伸びをした。

「ＦＩＲＥ、最高じゃん。絶対二度と、仕事なんてしねえぞ」

心の底からつぶやいた。

「これだよ、僕がしたい生活は。最高すぎるでしょう」

なんて羨ましい生活なんだろう。これが嫌になるなんてやっぱりありえない。

「そうですか。それでは、もう少し先の世界の彼に、入り込んで見てみましょうか」

心を侵食する空虚感

ＦＩＲＥを達成してから、早いもので1年が経過した。

会社に行かなくてもいい、何をしてもいいという「自由」。自分はもう二度と、会社員に戻ることはないだろう。ただただ好きなことができる毎日は、間違いなく幸せだ。しかし、なんとも言えない空虚な気持ちが、じわじわと僕の心を侵食していた。

もちろん、そんなに深刻な悩みというわけではない。自分を不幸だとは思わないし、「こんな空虚な気持ちを感じるのであれば、ＦＩＲＥしなければよかった」

なんてことは決して思わない。それでも、確実に胸の奥にある、この気持ちはなんなのだろうか？

一度、ブログ仲間たちに相談をしようと思ったことがある。一足先にＦＩＲＥしてからも、彼らとは定期的に集まっていた。しかし、実際に相談をしようとして、僕は間違いに気づいた。ＦＩＲＥを目指して、自由な日々をめがけて努力している彼らに向かって、「なんか自由すぎて逆に不幸な気がする」と言うのは、自虐風の自慢でしかない。だから、相談するのは止めた。

心から悩んで、精神を病《や》みそうな状態ならまだしも、それほどでもない、というのも、相談できなかった理由だ。彼らに「やっぱＦＩＲＥって最高ですか⁉」「羨ましすぎる！」「早くそこまで行きてぇ～！」などと言われるたびに、半分の優越感と、半分の申し訳なさを感じた。

そして、段々と彼等とも疎遠になってしまった。以前は会うたびに、「こんな方法でうまくいった」「こんな手法が今はアツい」「これを試したけど駄目だった」などと情報やノウハウをシェアし合っていた。自分は行動量も多かったし、稼いでいる金額も大きかったので、毎回一番多く話をしていたと思う。

しかし、今となってはサイトは売却し、新しい情報やノウハウはひとつも知らない。はじめのうちはこれまでの経験からアドバイスもできていたけれど、半年も経つと、実際に手を動かしていない自分は話についていけなくなっていた。

真面目な話のあとの飲み会でも、色々なことにチャレンジしている彼らに対して、既にゴールをした自分は語ることが全然なかった。最近見た作品について語ったり、ゲームの話はできたけれど、新しく何も挑戦していない。段々と、話が合わなくなってきて、あまり集まりにも顔を出さなくなってしまった。

「なんか、風向きが怪しくなってきたね」

「ＦＩＲＥの問題のひとつに、〝周りと話が合わなくなる〟ということがあります。みんなは社会で活動しているのに、自分はその行動を止めるから当たり前ではありますが」

「それでも、完全に孤独になるわけじゃないし、色々楽しめることはあるよね？」

「健太郎さんも、そうするみたいですよ」

小鉄に促され、再び健太郎さんのＦＩＲＥ生活に目を凝らした。

趣味に励むが……

自分にはまともな趣味がないことに気づいた。ゲームや映画も立派な趣味だとは思うけれど、ずっと仕事優先だったので、時間のかかるような趣味をしてこなかった。なので、色々な趣味を試してみよう。

あとは、そうだな、旅行もしてみたい。FIREしてるんだから、僕は自由だ。ひとまず日本中の行ってみたいところを、次々と回ってみよう。そんな日々を想像すると、なんだかワクワクしてきた。

それから僕は、色々な趣味の体験に顔を出したり、日本中を旅行して回った。それはやっぱり楽しい日々だったと思う。平日の朝に家を出て、旅行をする自分。同じ電車に乗る疲れた顔のサラリーマンを見たとき、自分の自由さがより際立った気がした。この日々を発信しようかなとも思ったけれど、折角仕事を辞めたのに、SNSでの発信が仕事に通じていきそうで、意図的に遠ざけた。

趣味も旅行も、はじめのうちは楽しかった。しかし、結局どれも長くは続かなかった。段々と惰性になっていき、億劫になってきてしまうのだ。

断っておくが、別に楽しくないわけではないし、辛いわけでもない。

でも、何かがしっくりこないのだ。少なくともこれが「最高な人生」だとは思えなかった。

その原因のひとつが「退屈」だった。はっきり言うなら、僕は毎日を退屈に感じていた。

「毎日ひたすら没頭できる趣味、というのは意外と難しいです。もちろんそういう趣味がある方もいますが、かなり稀です。なんといっても、FIRE後の生活は消費のスピードがすごく早いのです」

「消費のスピードが早い？」

「はい。例えば、今までだったら週に1回の休みにしかやっていない趣味を、毎日できるようになったなら、7倍のスピードでそれらを行うことになります。半年に1回しか行けなかった旅行に、毎週行けるようになります。週に2、3本しか見れなかった映画が、20本も30本も見れるようになります。たまの休みに行うのならいつまでたっても飽きませんが、そんなスピードで消費をしていくと、どうしても早く飽きてしまうんです」

今まで趣味というのは仕事の合間にやるものだった。例えばゲームや映画鑑賞や旅行。それを毎日思う存分やれたらどれだけいいだろうと思っていたけれど、そんな問題もあったのか。

僕は、このあとの健太郎さんの様子が気になって仕方がなかった。

思い出すのは、大変だった時期のこと

退屈な毎日を過ごしていると、思い返すのは副業を頑張っていた、退屈とは無縁な、あのときのことだった。

この会社から抜け出したい。労働というものから抜け出したい。

その一心で、僕はＷｅｂサイト（ブログ）を運営してきた。うまくいくためにあらゆる方法を模索し、実際に試し、自分自身に最適化し、寝る間も惜しんで記事を書いた。効率化を続け、ライターも雇って、月に数百万円を稼ぐようなメディアを作り上げたのだ。

ブログからはじめて収益が生まれたとき、僕は心の底から嬉しくて、狭い部屋

で雄叫びをあげたのを覚えている。それは数百円の報酬で、ちょっと残業でもすれば稼げてしまうようなものだけれど、自分の力でいちから稼いだという充実感がすごかったし、これから成長していくんだろう、という期待がそこにはあった。

ブログの収益が伸びて、1日数千円稼げるようになったときも、本当にワクワクした。もしかして、これで暮らしていけるんじゃないかと興奮して、よりこの副業にのめり込んでいった。

外注戦略を実行しているときも、今思えば心が躍っていた。作戦を考えて、こんなふうにやれば、自分の時間を削減しながら、しっかり報酬の上がる記事を作ることができると。もちろん、はじめは赤字だった。でも、改善を重ねて、外注の皆との関係を構築し、うまく回る仕組みができたとき、僕はとてつもない万能感に包まれた。

もちろん、楽しいことばかりではなかった。会社員をしながらのサイト運営は、体力的にも大変だったし、成果が出るまでの、暗闇を走ってるような感覚はキツかった。アルゴリズムの変更で売上が大幅に減ったときは精神的に大ダメージを受けたし、仲のいいブロガーが自分の戦略を丸パクリしていたときはすごく嫌な気持ちになった。

「会社を辞めたい！　仕事をしたくない！」そんなふうに思いながら、誰よりも仕事をしていた数年間だった。そして、実際に会社を辞めて、仕事をしなくてもよくなった今、あのときのことを恋しく思ってしまうのは、なぜだろうか。

もう一度、ゼロからサイトを作ったりするのもいいかもしれないな。そんな考えが、頭をよぎった。少なからず胸が高鳴っている自分がいた。今の体験を元に、そのままサイトにしたら、それなりに面白いんじゃないだろうか？　そのコンセプトなら売却先の競業避止《ひし》義務にも引っかからないし、外注のノウハウだってある。結構うまくいくかもしれない。

けれどすぐに、「せっかくFIREしてるのに、なんでまた働こうとしてるんだろう」と思い直した。うまくいくとして、それが何だと言うのか。もう、目標は達成できているのに。

今の生活は、確かに僕が思い描いていた理想的なものだった。

そのはずなのに、なぜか毎日気が晴れず、大変だったはずの「途中の」日々に思いを馳せている。この空虚な気持ちは、どうすれば解消されるのか。騙し騙しでやっていくしかないのか。それとも、じっくりと一度向き合うべきなのか。

答えは出ないまま、今日も1日が過ぎ去っていった。

ＦＩＲＥ後の虚しさ

なんとも言えない気分で、目を覚ました。小鉄はソファに座って僕を見つめている。理想と思っていた生活が、ほんの数年で、空虚に感じてしまう。もちろん、今みたいにいやいや会社に行く日々よりはいい。でも、たしかにそれは夢見ていた「理想の生活」とは言えないような気がした。

「智也さん、彼の生活を見てどう思いましたか？」

「う～ん、難しいね。みんながみんなこうなるって話ではないと思うけれど……」

「いえ、多くの人がこうなりますよ。他の事例もご覧になりますか？　ご覧になりますよね」

返事をする前に、小鉄のおでこが激突した。

――このあと、何人かＦＩＲＥ達成者のパターンを見せてもらった。誰もがはじめは楽しむものの、数年後には大なり小なり空虚な気持ちを感じていた。

度重なる様々な人生の映像にクラクラする。

「どうでしょう？　〝人生をクリアした〟と言っても差し支えない彼らですが、何か物足りなさを感じているようです。彼らに何が足りなかったのか、わかりましたか？」

小鉄が改めて聞いてきたけれど、はっきり言って全然わからない。僕が目指している理想の世界がそこにあるのに、彼らは皆幸福感を維持できずにいる。もしかしたら、自分がFIREを実現できても、同じように思ってしまうかもしれない。そんなふうに悩んでいると、大きくアクビをした小鉄が言った。

「足りなかったものは、例えば〝社会とのつながり〟〝目的や目標〟〝日常の刺激〟〝自己実現感〟。これらは、必ず付きまとってくる問題です」

「全部、お金と時間だけあっても解決できないことかもしれないね」

「でも、これらをまとめて解決できる方法があるんです」

「え、それすごいじゃん！　教えて！」

「仕事ですよ」

僕はひっくり返りそうになった。というか、実際にコントのようにひっくり返ってソファからずり落ちた。それくらい、小鉄の発言は衝撃的だったのだ。

「いやいや、そんなのおかしいでしょう。彼らは皆、仕事から開放されたくてFIREを目指して、達成した。それなのに、そんな彼らが悩んでる理由が〝仕事をしてないから〟って、そんなおかしな話ないよ」

「でも実際、FIREした人の多くは、結局その後仕事を始めますよ」

「そんなことある？　ありえなくない？」

「智也さん、ＦＩＲＥに囚われすぎないでください。智也さんはＦＩＲＥをするために生きているわけではありません。幸せになるために生きています。幸せになるために、ＦＩＲＥがいるんでしょう？　手段と目的を逆転させてはいけません」

小鉄の言葉にハッとした。

ＦＩＲＥは幸せに生きるための手段。なぜか、そんな当たり前の大前提を僕は忘れていた。とにかくＦＩＲＥをすれば幸せになれる。そうやってＦＩＲＥを目的にしてしまっていることに気づかされた。

「確かにその通りだね、小鉄」

「…………」

「小鉄？」

「…………」

ね、寝てる……。何の前触れもなく、小鉄は寝息をたてていた。

時計を見ると、もう12時を過ぎていた。長い過去の振り返りで、小鉄も疲れたのだろうか。それともやはり、先日の寿命のことが関係しているのだろうか。

静かに眠る小鉄を起こさないように、そっと立ち上がると、僕も寝支度を整えて眠りについた。

FIREしても、結局多くの人が「仕事」をする

翌朝、土曜日なのをいいことに10時まで眠ってしまった。ソファに目を向けると、小鉄もまだ眠っている。普段からよく眠っている小鉄だけれど、最近は眠る時間がさらに増えている。

洗濯機を回して、掃除をしている間も、気になるのは昨日の話だった。かんたんな朝食兼昼食を作っていると、小鉄が起きた。二人で食事をする。小鉄が煮干しを食べる様子に、かつての勢いはない。

しかし元気はあるようで、僕が昨日の話の続きを持ちかけると、答えてくれた。

「FIREしたあと、ほとんどの人が何かしらの〝仕事〟を再び始めます。あのあと健太郎さんも結局サイト運営をはじめました。またゼロからのスタートで大変ですが、活き活きとしていました」

結局仕事という結論に納得いかないながらも、健太郎さんが活き活きしているという話は嬉しかった。

「以前お話しした理子さんや翔さんや拓海さんも、最終的には仕事をしています。皆会社員になったわけではありませんが、例えば、理子さんは節約生活をブログとＳＮＳで発信していたら読者が増えて、それを本にしました。翔さんは変わらずトレードを続けていますし、拓海さんは不動産投資のコミュニティを作って運営しています。もちろんＦＩＲＥ生活程の自由度はないですが、皆さん〝やりたい仕事〟を楽しんでいるように思います」

「それでみんなって言うのはおかしくない？　今まで小鉄が出会った人たちが偶然そうだっただけかもよ。世の中には仕事してないけど、ＦＩＲＥ生活楽しい！　って言ってる人だっているよね？」

「どこで〝仕事してないけど、ＦＩＲＥ生活楽しい！〟という意見を知ったのですか？」

「それは……、ＳＮＳとか動画とか本だけど……」

「それ、その人たちの仕事ですよね？」

「え？」

「だって、やる必要ないじゃないですか。ちょっとした短文ならまだしも、動画を撮って、編集して、サムネイルを作ってアップロードって、すごく手間ですよ。ましてや本を作って売るのなんて働くよりも大変です。ＦＩＲＥしているのに、仕事をしている証拠でしかないじゃないですか」

「つまり〝ＦＩＲＥ生活は楽しいということを発信してる仕事〟をしているってこと？　でもそもそもＦＩＲＥって仕事しないんじゃ？　なんかこんがらがってきたぞ」

「智也さんの中には、どうしても〝仕事＝やらされる辛いこと〟という思い込みがあるようです。ＳＮＳの発信や動画の発信だって、それが社会の誰かの役に立つのであれば、立派な仕事です。実際に智也さんはその人の動画を見たわけですよね？」

「もちろんだよ」

ＦＩＲＥに関する発信をしている人たちのチャンネルは片っ端から登録している。僕のおすすめ欄はいつもＦＩＲＥの話題でいっぱいだった。

「動画サイトは人を集めて、集めた場所に広告を流し、広告主からお金をもらうというビジネスモデルです。その発信をした方は、〝動画サイトに人を集める〟という価値を動画サイトに提供しました。きっと再生数に応じて、報酬をもらうこともできたでしょう」

「そう言われると、仕事だね……」

「そうです。仕事とは、お金稼ぎのことではありません。〝社会の誰かの役に立つこと〟です。誰かの役に立ったとき、その対価にお金がもらえるんです」

仕事とは？	
○	×
社会（他の誰か）の役に立つと、その対価にお金がもらえる	我慢するとお金がもらえる

「その定義で考えると、確かに僕が普段見ている〝ＦＩＲＥしている人たち〟も何かしらの仕事をしているかも。新しく事業を始める人はもちろん、ＦＩＲＥのコミュニティを運営したり、ＦＩＲＥについての発信をしている人たちだから」

「そうでしょう？　結局ＦＩＲＥして何年も仕事を一切しないという方が難しいんです。それに最近は、サイドＦＩＲＥというのも流行《はや》っているようですね」

「あ、それ知ってる」

サイドＦＩＲＥは、幸せになれる？

僕たちは場所をいつものソファに移して話を続けた。

サイドＦＩＲＥ。完全にリタイアはせずに、労働時間を減らし、その減った分の労働収入を資産所得で賄うという方法だ。

「ニンゲンは色々な名前をつけますよね。ＦＩＲＥひとつとってもすごく派生しているので驚きました」

小鉄の言う通り、誰が言い出したのか色々なＦＩＲＥの種類がある。コーストＦＩＲＥ、バリスタＦＩＲＥ、サイドＦＩＲＥ、リーンＦＩＲＥ、ファットＦＩＲＥ……。僕も以前動画で紹介されているのを見たときには驚いた。

「でもさ、サイドＦＩＲＥって全然ＦＩＲＥではないよね？　経済的自立もしてないし、リタイアアーリーどこいったの？　って感じだしさ」

「確かに、従来のＦＩＲＥの意味からは離れているように見えますね。でも、この〝サイドＦＩＲＥ〟という状態は、バランスがよくておすすめできますよ。むしろ普通のＦＩＲＥよりよいのでは？　とわたしは思います」

「えっ、そうなの？」

僕のイメージでは、サイドＦＩＲＥはＦＩＲＥできない人が選ぶもので、むしろＦＩＲＥの途中の状態のようなイメージだ。それが、ＦＩＲＥよりも優れているというのはピンと来なかった。

「ええ。わたしの過去の飼い主の中にも、そういった形で幸せに暮らしている方がたくさんいました。それに、従来のＦＩＲＥと比べていくらか実現確率も高いです」

実現確率が高い。それは、僕にとって非常に魅力的だった。というのも、今までの話を聞いていると、ＦＩＲＥというのは夢のまた夢のような話に思えてしまうからだ。

「でもなんで、サイドＦＩＲＥのほうがいいの？」

「それは、実際に見てお話しするのが早いでしょうね」

そう言い残すと準備する間もなく、小鉄の額が、僕の額とぶつかった。

働くのは週3日

FIRE成功パターン：河合優香《かわいゆうか》（32歳）女性

一目で女性が住んでいるとわかる部屋だった。特にメイク用品が整然と並べられているキャビネットは、僕の生活とは無縁のものだ。

「優香さんは、広告代理店に務めながら副業でＷｅｂライターをやり、そこで積み上げた資産を活かしてサイドＦＩＲＥ生活に突入しました。広告代理店を辞め、仕事はWebライター1本です。基本的に週3日、1日6時間しか働いておらず、残りの4日は自由に過ごしています」

「なんか、すごい魅力的な状況に見えるね」

「実際、幸福度も高そうです。月の生活費は20万円程度で、月10万〜15万円ほどWebライターのお仕事で稼ぎます。3000万円程度の資産があり、年間120万円程の資産所得があります」

ということは、月々10万円程度の資産所得があった上で、仕事もしているということか。

「ん？　週3日しか働いてないのに、15万円も稼げているの？」

「そうですね。Webライターは副業時代から長く続けているので、ひいきにしてくれるクライアントも少なくないようです」

「結局ここでも重要なのは仕事か……」

「それはそうですよ。そもそも普通のFIREより少ないとはいえ、若くして資産を作る以上、ある程度仕事ができないと難しいです。何度もお伝えしている通り、FIREは積み上げた資産で行いますが、その資産を作るのは〝仕事〟なのですから」

結局仕事が必要、その何度目かの事実に打ちのめされつつ、僕は優香さんの日常に目を凝らした。

自由で充実した日々

週に3日だけ働く。世間でサイドFIREと言われるその働き方を知ったとき、「私の理想はこれだ！」とビビッと来た。仕事はやりがいもあるし、お金だってほしい。でも、仕事だけに人生を支配されたくない。友達とお茶したり、美術館に行ったり、自分でネイルしてみたり、パワースポットを巡ってみたり、やりたいことはいくらだってある。あと彼氏だってほしい。これには、週2日の休みだけでは全然足りないのだ。

だからこそ、私はそこを本気で目指した。

副業と本業の両立は大変だったけれど、今の生活を手に入れられたのであれば、それだけの価値があったと思える。

今本業にしているWebライターの仕事は別に好きではないけれど、嫌いでもない。自宅にいながら、時間の融通もきく仕事で、フレキシブルに働けるのはとても好ましいし、場所を固定されないのも、私の性《しょう》に合っていた。

最近はクライアントに評価もされて、ディレクターとして他のライターを束《たば》ねる仕事も増えてきた。これにはまた違ったやりがいがある。何より収益が増えて実働が減るのはありがたい。

その分責任は増すけれど、結果を出せばいいだけのこと。週3日の稼働でどこまで効率よく稼げるか、挑戦してみるのも楽しいかもしれない。

今後の人生設計を柔軟に考えられるのもサイドFIREのいいところだ。結婚して子育てするようになったら、いったん仕事を辞めればいい。旦那の給料と私の資産があれば、生活に困ることはない。

旦那に育休をとってもらって育児を任せ、私が稼ぐこともできるし、育休期間が終わったら旦那に仕事に復帰してもらい、私が育児に専念することもできる。教育費がかかるようになったら2人で働いてもいい。

とても自由だ。色々な選択肢がある。

自分で言うのもなんだけれど、充実した日々を送っていると思う。身を粉《こ》にして働き、合間に副業をして、泥のように眠っていた会社員時代とは大違いだ。もっとサイドFIREという選択肢を取る人が増えるように、発信活動を増やしてみるのもいいかもしれない。

試しに趣味で発信してみたSNSはそれなりに反響があり、フォロワー数も伸びていた。たまにPR案件の相談をもらうこともある。またひとつ、新しい収入の柱になってくれるかもしれない。

さて、明日と明後日は休みだし、どっか遊びに行こうかな。京都にある、気になってたパワースポットにでも行っちゃおうかな！

破綻しにくいサイドFIRE

今回は、すぐに目が覚めた。バッと起き上がり、お行儀よく座っている小鉄に叫んだ。

「なんか、すごい楽しそうなんですけど！」

「もちろん向き不向きはありますが、彼女はとてもうまくいっていますね」

「今までのFIREした人たちと比べて、不安感とか虚無感みたいなものがなかったね」

「いいところに気づきました。そう、サイドFIREが素晴らしいのは、社会との接点を失わない点です。多くのFIREした人たちが感じる〝虚無感〟を、彼女は感じていません。それは、人とつながって仕事をしており、社会に価値を提供しているからに他なりません。そして、その仕事が同時に安定した収入にもつながっており、それなりに遊ぶ余裕もあります」

でた、仕事最強説……。

小鉄から事例を聞けば聞くほど、「仕事をしたほうがいい」という僕が望まない結論が浮き彫りになってきてしまう。いい加減、認めるしかないのだろうか。

「さらにこの生活の素晴らしい点は、破綻しにくいことです。例えば、株価が暴落したとき、資産は目減りしましたが、彼女は冷静にWebライターの仕事を増やしました」

「おお！」

「週3日で15万円稼げていたので、週5日の稼働になれば20万円以上は稼げるようになります。となれば、資産に関係なく暮らしていけるので、右往左往しなくてよくなります。そして、生活もすこし切り詰め、余剰分を投資に回しました」

「クレバーだ……」

「しばらく週5日働いていたものの、株式市場が戻るにつれてだんだんと仕事量をセーブするようになり、元の生活に戻っていきました。そして、追加で投資したこともあり、資産は元の水準に戻るどころか増えていました」

確かにこう聞くと、サイドFIREは盤石なように思える。FIREほどじゃないにしても、自由な時間はしっかりと増える。そのうえＦＩＲＥの抱えていたマイナス面を、仕事をすることで解消できる。

なんで仕事をしたくなる？

「とはいえ、問題点もあります。まずは、やはり彼女があまりＷｅｂライターという仕事を好きではない点です。もし、この後市場の調子がよく、働かなくてもいいだけの資産に膨れ上がったら、おそらく彼女は仕事を辞めてしまうでしょう」

「いいことじゃないか」

「それだと、今までのＦＩＲＥしてきた人たちの二の舞です」

「ああ、確かに……。でもさ、なんでせっかくＦＩＲＥしたのに仕事をしたくなるんだろう？　仕事をしたくなくてＦＩＲＥしたはずなのに、おかしくない？」

「なにもおかしな話ではありません。仕事を一切しないと、自分の存在意義を見失ってしまう方が多いんです。ニンゲンは社会的な生き物ですから」

社会的な生き物？　たまに聞く話ではあるけれど、僕にはこれがいまいちピンと来ていなかった。

「わかるはずですよ。智也さんは、辛い仕事から解放されて、毎日自由なら幸せと、そうおっしゃってましたよね？」

「そうだよ。だから僕はＦＩＲＥを目指して頑張ろうと思ったんだ」

「でもそれは〝ネコの幸せ〟であって、〝ニンゲンの幸せ〟ではないんです」

「それって、どういうこと？」

「その前に……わたしはわたしの幸せのために一眠りします」

そう言い残すと、小鉄はベッドに移り、前足に顔をうずめて目を閉じた。こころなしか、その足取りがふらついている気がした。

取り残された僕は、「ネコの幸せ」と「ニンゲンの幸せ」の違いを考えてみたけれど、結局自分では答えを出すことができなかった。

第４章のまとめ

- 仕事が嫌でＦＩＲＥをしても、あまり幸せになれない
- ＦＩＲＥを達成した人の多くが、結局何かしらの「仕事」を始める
- 仕事とは、お金稼ぎではなく、社会の誰かの役に立つこと
- サイドＦＩＲＥはバランスがいい手法

第5章

ニンゲンの幸せ

「ネコの幸せ」と「ニンゲンの幸せ」

小鉄が起きてきたのは、夕飯を食べたあとだった。

ベッドで目を覚ました小鉄は珍しく「ニャン」と鳴いた。いつも言葉を話す小鉄がネコのように鳴くのは、とてもかわいらしい。

煮干しをいくつか小皿に入れてやったけれど、ひとつだけ食べて残してしまう。食が細くなっている。なんとかできないかと、残した煮干しを柔らかく煮てみることにした。小鉄は「ニャア」と抗議したが、一口食べると、気に入ったのかそのまま全て平らげた。

「煮てみるというのも、案外悪くないですね。うまみは逃げますが、今のわたしにはちょうどいいようです」

あ、しゃべった。

「すみません、ニンゲンの言葉を使うのは、結構体力が必要みたいです。先程は途中で力尽きてしまいました」

「ちょっと小鉄、大丈夫なの？」

「智也さん。大丈夫です。お気遣いありがとうございます」

本当に大丈夫なのだろうか？　見た目に変化はないけれど、明らかに今までよりも寝てばかりだし、食事量も落ちている。しかし、追及したところでどうにもならないので、せめて労《ねぎら》いの言葉をかけた。

「無理はしないでね」

「もちろんです。えっと、ニンゲンの幸せと、ネコの幸せの話でしたね」

ソファへと場所を移し、僕たちは並んで腰掛けた。しっかりと姿勢を正してから、小鉄は話し始めた。

「わたしたちネコは、ニンゲンと違って群れを作りません。〝個〟として、毎日ただ生きて、食事をして、眠る。ただそれだけで幸せです。でも、ニンゲンはそれだけでは足りません」

「足りないって、どういうこと？　僕だって自由にしてれば幸せだけど」

「それが、勘違いなんです。ニンゲンが幸せになる方法は、わかりきっています。
①心と体の健康
②成功の高揚感
そして、
③人や社会とのつながり
です」

わかるような、わからないような……。

ニンゲンの本能

「ニンゲンは面白い生き物で、社会というものを作って、お互いがお互いを支え合っています。例えば智也さんの住んでる家も、食べている食事も、着ている服も、全て智也さんが作ったものではありません。他のニンゲンが作ったものです。そして、智也さんが普段行っている仕事もまた、他の人の生活の何かに役立っています」

当たり前すぎて意識したこともなかったけれど、言われてみればその通りだ。僕の普段の生活に、僕自身が作ったものは基本的に何もない。全て他の誰かが作り、それをお金で購入したものばかりだ。

「でも、僕の仕事が、あんまり誰かの役に立ってるって感じはしないなぁ」

「産業化が進んでいるからそう感じるだけです。これもまたニンゲンのすごいところです。徹底的な分業によって、特別な能力がなくてもできる仕事が増えました。多くの人が働けるようになり、多くのものを生み出し、物質的には豊かになりました。しかし、そのせいで精神的には貧しくなってると言えます」

社会に、産業化に、物質的豊かさ。普段聞きなれない言葉に少し面食らってしまう。

「今回の小鉄の話は、ちょっと難しいね」

「そこまで難しい話はしていませんよ。すごく簡単に言うなら、ニンゲンは社会を作って助け合って生きている以上、その社会に対して何か貢献することを幸せに感じるようにできているという話です。それがニンゲンの本能なんです」

小鉄は、少し恥ずかしそうに続ける。

「それに、わたしも智也さんと過ごすようになって、それが少しわかるようになりました。わたしは、智也さんが喜んでいると、なんだか嬉しく思います」

「な、なんだよ急に」

ごまかすように小鉄は話を続けた。

「とにかく、他のニンゲン、つまり〝ニンゲン社会〟へ貢献するのは、ヒトにとって本能的に幸せということです。逆に言うと、社会とのつながりを感じられなくなると、ニンゲンは不幸になります」

そう聞いて思い出すのは、たまに見かけるニュースだ。大金持ちが数億円寄付をしたとか、発展途上国に学校を作ったとか。ただ正直、自分にはそんなことは無縁だと思ってしまう。募金に熱心ではないし、休みの日にボランティア活動をしたいとも思わない。

「本能って言うけどさ、わざわざやりたいとは思わないよ？」

「いいえ、智也さんは既に行っていますよ。なぜなら〝仕事をする〟ということが、既に社会への貢献だからです」

「仕事が社会への貢献？」

「そうです。誰かの仕事は、誰かの生活を必ず豊かにしています。誰かの仕事のおかげで、智也さんには家があって、服があって、食事があります。ひとつの煮干しを例にとっても、すごくたくさんの人の〝仕事〟で成り立っています」

先程食べ終えた煮干しの皿を愛おしそうに見つめながら小鉄は続けた。

「そんな社会の中で生きているのに、自分は一切社会に貢献していない、という方が不自然なのです。もちろん投資も社会に貢献はしているのですが、仕事と比べてそれを感じることが難しいです。これが、ＦＩＲＥで不幸になる人が多いひとつの理由です」

きみの仕事は誰のため？

僕の中で仕事というのは、「やらないといけないこと」でしかなかった。やらされていると言ってもいい。我慢してやっていると、お金という報酬がもらえる。だから渋々やっている。

でも、もっと大きな目で見れば、僕の仕事は巡り巡って誰かの役に立ち、人間の社会を成り立たせている。そしてその対価として僕はお金を得ている。それはなんだか、すごいことのように思えてきた。

「綺麗事でもなんでもなく、社会の役に立ちたいと思うのはニンゲンの本能です。そうやって発展してきたのだから、当たり前のことです。ネコとは違って、ただ自由に生きるだけでは、幸せを感じるのは難しいんです」

「言われてみればその通りな気がするんだけど、なんで小鉄に言われるまでそんなふうには思わなかったんだろ？」

「それはニンゲンが発展しすぎたからです。社会とのつながりなんて考えなくても、お金があれば、簡単に色々な物が手に入ります。その結果、お金さえ手に入ればいいと考えてしまうのです。でも、それはニンゲンの本能とは矛盾します。ただお金だけを追いかけても幸せになりにくいのは、これが一番大きな理由です」

これまでの小鉄の話や見せてもらった実例で、そのことは理解ができてきた。

「理屈はわかってきたけどさ、それって稼いだあとの話なんじゃないの？　金持ちじゃない自分が社会に貢献するイメージが湧かないんだよね」

「智也さん、順番が逆です」

「逆？」

「お金が増えたから、社会へ貢献をするのではありません。社会への貢献をするからお金が増えるんです。だって社会への貢献の対価がお金なのですから。ボランティアや募金のようなお話であれば、もちろん自分が豊かになってから行えばいいのですが、今しているのはあくまで〝仕事〟のお話です」

僕らは人間社会の中で生きている。綺麗事ではなく、事実として色々なものを交換して、助け合っている。だからこそ、人間全体にたくさん貢献した人は多くの対価を得る。言われてみれば、すごくシンプルな話かもしれない。

「なんだか、仕事について、ちょっと誤解をしていたかも……」

大切なのは「自分がやりたいと思える仕事」

とはいっても、「だからこれから仕事を頑張ろう！」とまでは思えなかった。毎日の仕事を想像すると、それだけで胸の奥がズンと重くなるのを感じる。そんな様子を見て、小鉄が問いかけてきた。

「先程のＦＩＲＥを達成した健太郎さんが、空虚な気持ちを払拭《ふっしょく》できたのはなぜでした？」

「仕事……。でもあんなふうに行うサイト運営って、仕事なのかな？」

「智也さん、先日お話しした仕事の定義を思い出してください。〝仕事＝社会の役に立つこと〟と考えれば、健太郎さんの知見をＷｅｂサイトという形で発信するのは、間違いなく仕事です」

「なるほどなぁ。僕みたいに会社に働かされるんじゃなくて、そうやって自分がやりたいと思ってやる仕事なら、楽しいのかもしれないね」

「それです！」

小鉄が、いまだかつてないテンションで叫んだ。普段との温度差に思わず仰《の》け反《ぞ》ってしまう。

「急に何⁉」

「今智也さんがおっしゃったことこそが、一番大切な話です。〝自分がやりたいと思ってやる仕事〟これこそがまさに、答えなんです」

「これが答え……？」

「もう少し詳しくお話ししたいのですが……ちょっともう、限界です」

小鉄はそのままコテンと倒れてしまった。

慌てて近寄ると、静かに寝息をたてている。ホッと胸をなでおろし、静かに頭を撫でてやると、気持ちよさそうに小さく身じろぎした。

ネコとはそういうものなので

翌日、僕は小鉄を動物病院へ連れていくことにした。

昼過ぎになっても小鉄が目を覚まさないのだ。こんな時間まで寝続けたことは今までなかった。もし、このまま目を覚まさなかったら？　そんなのは絶対に嫌だ。ペット用のキャリーケースがないので、大きなボストンバッグにバスタオルを敷き詰めて、そこに小鉄をそっと入れたところで、小鉄の目が開いた。

「智也さん、どうされました？」

「小鉄、よかった。ずっと寝てたんだよ。ねえ、病院にいこう」

「病院ですか？」

小鉄は露骨に嫌な顔をした。

「わたし、病院は嫌いです」

「でも、もしかしたらよくなるかもしれないし、先生に診《み》てもらおう」

「智也さん、気持ちは嬉しいのですが、わたしは病気ではありません。寿命なんです。今までの経験から、終わるときがわかるんです」

「それでも、もしかしたらよくなるかもしれないじゃないか！」

自分でも驚くほど、大きな声が出てしまった。

その様子に少し驚いた小鉄は、耳を後ろにペタンと倒しながら「それで智也さんの気が済むのなら……」と渋々納得してくれた。


結局、小鉄の体にはどこにも異常はなかった。獣医によれば、むしろ非常に健康だという。「一日中寝ているんです」と訴えても、「ネコとはそういうものですので……」と宥《なだ》められてしまった。

どうしても希望するなら、より精密な検査もできるとのことだったが、小鉄が「やめてほしい」と目で訴えてきたので、そこまでにして連れて帰ることにした。

栄養剤を処方してはくれたけれど、解決につながるとは思えなかった。

小鉄の入ったボストンバッグを抱えながら、タクシーで自宅へ向かう途中、自分の無力さに涙が出た。僕のやったことは、残り少ない寿命の小鉄に、いたずらにストレスを与えただけかもしれない。小鉄は意味がないと言っていたのに、なんで聞いてやらなかったたんだろう。

「智也さん、気にしないでください」

バッグの隙間から、小鉄がそっと囁《ささや》いてくれた。

仕事を楽しいものに変える

自宅に着いて、ボストンバッグから出てきた小鉄はググッと体を伸ばした。数歩歩いてソファに飛び乗ろうとするも失敗してしまう。慌てて抱き上げようとすると腕を突っ張って拒否された。

「大丈夫です」

再度勢いをつけて、今度はピョンとソファに着地した。僕もその横に座る。いつの間にか、こうやって話をするのが2人の定番になっていた。

「智也さん、じっくりお話できるのは、もしかしたらこれが最後になるかもしれません。でも、すごく大切なお話です。聞いてくださいますか？」

僕は黙って頷いた。

そして、小鉄の最後の話が始まった。

「まずはここまでの話を整理しましょう。

　1：ＦＩＲＥを達成しても、様々な問題から幸せになれる人は少ない
　2：それらの問題を解決するには〝仕事〟が一番手っ取り早い
　3：結局ＦＩＲＥした人のほとんどが、大なり小なり〝自分がやりたいと思っている仕事〟を始める
ここまではいいですね？」

　これまで見てきた、実際にＦＩＲＥした人たちの人生と照らし合わせてみても、そこに矛盾は見当たらず、頷くしかなかった。

「ここでひとつおかしなことがおこっていますよね。ＦＩＲＥは経済的自由を達成して、仕事を早く引退すること。でも、結局仕事をするのであれば、そもそもＦＩＲＥする必要ってありますか？」

　小鉄は体を伸ばしながら続けた。

「〝自分がやりたい仕事〟で生活費が稼げるのであれば、それってＦＩＲＥして好きな仕事をしている方々と何が違うのでしょうか？」

　納得のいかない僕は反論する。

「言ってることはわかるけど、ＦＩＲＥして好きな仕事をしてる方が精神的に楽でしょ。

その仕事で稼げなくても大丈夫っていう安心感もあるし、お金の心配をせずに取り組めるっていうのは全然違うよ」

「〝安心感〟のためだけに、膨大な努力をしてFIREするって、おかしくありません？　それなら、その努力を〝やりたい仕事で稼ぐ〟に向けるべきではないでしょうか？」

「自分がやりたい仕事で食べていける人なんて一握りだよ。世の中そんなに甘くないよ」

「もちろん、簡単にできる、とは言いません。でも、智也さんがずっと目指しているFIREもとても難しいことですよね？」

それはそうだ。僕は頷くしかなかった。FIREの難しさは、これまでの日々で散々身に染みている。

「〝FIRE達成のために数年で数千万円の資産を築く〟のと、〝自分がやりたい仕事で生活費を稼ぐ〟だったら、後者の方が実現確率が高そうではないですか？」

僕は渋々と頷く。それは確かにその通りだと思う。「仕事＝辛いこと」という思い込みがあまりにも強すぎて、当たり前のことに気づいていなかった。数年で引退できるような資産を築きあげていくことのほうがよっぽど難しいことはわかる。

「しかもFIREするためには、極端な節約、ギャンブル的な投機のような特例を除けば、結局仕事を頑張る必要があるというのは、これまでのお話でわかっていますよね？　どうせすごく頑張るのでしたら、やりたい仕事を頑張る方がいいじゃないですか」

「じゃあ結局、FIREした人も全員仕事をしろってことなの？」

「そうは言いません。人間関係や、自分の成長や、成功体験を趣味で得るのもいいでしょう。社会への貢献やつながりを、ボランティアで得てもいいかもしれません。でも、これら全てを高い水準で得られて、〃しかもお金をもらえる〃のが、仕事なんです」

これだけ言われると、今まであんなに嫌だと思っていた仕事が、なんだか尊い行為に思えてきた。少なくとも、適当に流されて選んでいいものではないということが身に染みた。もう少し、仕事というものを考える必要がありそうだ。

「既にFIREしてるのであれば、好きに選んだらいいと思います。並々ならぬ努力でその選択肢を得ることができたのですから。しかし、まだFIREしていないのであれば、仕事を楽しいものに変えていくほうが話が早い、ということを伝えたいのです。大丈夫です。仕事はそんなに怖いものではありませんから」

小鉄の言うことは間違ってないように思う。でも、こうなるとひとつ問題があった。

「でも小鉄、僕にはその〃やりたい仕事〃っていうのがわからないんだよ」

自分がやりたい仕事はどう見つける？

小鉄はソファに凜《りん》と座りながら話を続けた。

「一朝一夕ではやりたい仕事は見つからないかもしれません。まず最も大事なのは、お金を第一に考えないことです。先程お伝えした通り、仕事というのは社会の誰かの役に立つことで、その結果としてもらえるのがお金です。この前提を間違えてはいけません」

小鉄の言っていることを理解できている自分がいた。正直、まだ「仕事はお金を得るための手段」という思い込みは消えないけれど、社会への価値提供の対価がお金ということは間違いのない事実だろう。

「もしＦＩＲＥして3年くらい好きに遊んだあとに、結局どんなことをやるだろうかと考えるのがひとつの手です。人によっては、もうこれだけで何かが出てくるかもしれません」

実際にＦＩＲＥをして、嫌というほど遊んでのんびりしたあと、何をしたいだろうか……。出てくる人もいると小鉄は言ったけれど、さっぱり浮かんでこなかった。

「ごめん小鉄、やっぱわからないや」

「今この場で答えを出さなくても大丈夫です。でも、必ずこの問いかけを頭の中に入れておいてください。常に頭の片隅においておけば、いつか必ずわかりますから」

「そうは言っても不安だなぁ。やりたい仕事を見つけるヒントってないの？」

「ありますよ」

「それを教えてよ！」

「わたしが今まで見てきたニンゲンで、仕事選びで失敗する方はもれなく〝職種だけ〟で仕事を選んでいます。ネコが好きだから、ネコの雑誌の会社で働く！　といったイメージです。もちろん全く意味がないとは言いませんが、重要なのは〝職種〟ではなく〝実際にどんな業務を行うか〟です」

「んん？　どういうこと？」

「例えば、ネコの雑誌の会社で働くことは原稿を書いたり、デザインをしたり、取材をする、これらの業務が好きな人にとっては天職ですが、ネコがどれだけ好きでもこれらが苦手な人には辛い仕事になります」

　この話を聞いて、中学生のときに行った職業体験を思い出した。当時、漫画を読むのが大好きだった僕は、職業体験に本屋さんを選んだ。漫画に囲まれて仕事ができるなんて最高だと思ったからだ。

　でも実際に任せられた仕事は本の在庫チェックや返本の処理で、その作業を全然楽しいと思えなかった。

「確かに、実際に毎日やるのは〝業務内容〟のほうだもんね」

「そうです。なので考えるべきなのは〝行動〟です。智也さんが〝ついやってしまう行動〟を思い出してください。〝やりたいこと〟ではなく〝やってしまうこと〟なのがポイントです」

「やってしまうこと……」

「過去を振り返って、学校生活や部活、アルバイト、仕事等の中で、〝これだけならずっとやっていたいこと〟や、やれって言われたわけでもないのに〝ついこだわってしまうこと〟や、周りの人から驚かれたようなこと。必ず誰にだってひとつはあります。智也さんにも、きっとありますよね？」

僕がついやってしまうこと

そんなのない、と返そうと思いながらも、考えてみるといくつか頭の中に浮かんできたことがあった。

「そういえば、友達とゲームをやるときに、みんなが使っている一番強いキャラクターじゃなくて、わざと弱いキャラクターで工夫して戦ったりしてたかも。そりゃ勝つためには強いキャラを使ったほうがいいんだけど、なんかそれが楽しかったんだよね」

「おお、いいじゃないですか」

こんなのでいいんだ。

ゲームの話なんて関係ないと一蹴されるかと思っていたけれど、思いがけず肯定されたことで「こんなのでもいいのなら」と、次々思い出が溢《あふ》れてきた。

「そういえば、僕が考えたオリジナルゲームで遊んだことがたくさんあったよ。その場に落ちていた空き缶とかボールとかを使って、勝手にルールを考えたりしたなぁ」

他にも紙を切ってカードゲームを作ったり、鉛筆や消しゴムを使ってオリジナルの遊びを考えては、クラスメイトたちと楽しんでいた。

小鉄は満足気に頷いた。

「うんうん、いいですね。他にはどうですか？」

「あとは……居酒屋でアルバイトしたとき、マニュアルよりもいい方法を思いついてさ。実際に時短に成功してバイト仲間からは感謝されたけど、店長にバレてすごく怒られたこともあったなぁ」

「智也さん、たくさん出てくるじゃないですか」

「話してたら、まだまだ出てくるかも」

「ここまでの智也さんの話は大きくまとめると〝今までにない新しいアイデアを考える〟という行動ですよね」

「言われてみれば、確かにそうかも」

「世の中にはどんなに考えてもアイデアが出てこない人もいます。そんな人が〝新しいアイデアを考える〟仕事をやっているとしたら、それはすごく不幸なことです。でも、逆に智也さんが〝新しいアイデアを考える〟ことがメインの仕事につくことになったら、どう思いますか？」

新しいアイデアを考えることがメインの仕事……？　僕にとって、それはまさに理想のように思えた。毎日そのために時間を使ってよくて、しかもそれが誰かの役に立つのならば、充実した日々になるに違いない。

「その感覚ですよ。あるじゃないですか、やりたいこと」

小鉄に言われて、ハッとした。同時に、僕が今の会社が辛い理由がわかった。今の会社では、新しいアイデアを求められることは一切ない。むしろアレンジなどはきかせず、やるべきことを淡々とやるのが業務内容だ。

そういう仕事が世の中に必要なことはわかっているし、そういった業務が得意な人もいる。でも、自分がやってしまう行動とはかけ離れている仕事だった。

「人によって、この〝ついやってしまうこと〟は違います。次々と人に話しかけて関係を構築してしまう人もいれば、誰にも頼まれてないのにデータをすごくキレイにまとめている人もいるし、いつも人前で話してその場の皆を引っ張っている人もいるし、常に改善点を探し続けている人もいます。まずは、自分のそれがなにかを知ることです」

今あげられた例の中に、自分が全然興味ないこと、できればやりたくないようなこともたくさんあった。そう考えると、みんながみんな、〝ついやってしまうこと〟で動いていたら、そのエネルギーはすごいものになるかもしれない。でも、本当にそんなことができるのだろうか？

自分の内側に焦点を当てる

「僕が〝アイデアを考える〟ことをついやってきたことはわかったけれど、実際にそれをメインにした仕事につくことなんてできるのかな？」

「先程と同じ話ですよ。明日から楽々その仕事につける、なんてことは当然ないでしょう。でも、ＦＩＲＥを目指していたときのように、そこを目指せばいいんです」

「そこを目指す……」

「そうです。まずはそもそもどんな仕事があるのか探して、知識をつけるところからでしょう。もし足りないスキルがあるなら、頑張って身につければいいじゃないですか。天才じゃない智也さんでも、それはできますよね？」

僕は、最近始めた動画編集のことを思い出していた。全然知らない世界だったけれど、「うまくいかないかもしれない」というリスクを背負った上で挑戦してみたら、ちゃんとお金をもらえるようになった。

そして今度は「新しいアイデアを考える」もしくは「新しいアイデアを考えることを仕事にする」ための勉強。色々なスキルやテクニックがありそうだ。それらを学んでいくことを考えると、とてもワクワクした。今まで感覚でやっていたことを、体系的に学んでみたら、もっと大きなアイデアを出せるようになるかもしれない。

「確かに、楽しいかも……。それに、なんかやれる気がする」

「最も重要なのは、これが智也さんの内から出てきた、いや〝滲み出てきた〟ものということです。昔からずっと、誰に言われるでもなく〝ついやってしまっていた〟ことだからこそ、そう思えるんです。これがもしも、上司から〝お前はこんなふうになれ！〟と言われてやったことだったら、今と同じ感覚は決して得られません」

その様子を想像すると、それだけで嫌な気持ちになった。命令された直後は多少やる気になるかもしれないけれど、そのモチベーションが続くとは思えない。

「ニンゲンはつい、社会的な評価や、誰かに言われた言葉を理由にやることを選んでしまいがちです。他人との比較ではなく、自分の内側に焦点を当てる必要があるんです。はじめに、お金を第一に考えないでと言ったのも、これが理由です」

今まで、やりたい仕事なんて一切ないと思っていた自分が、今は自分のやってみたいことに気づき「なんかやれるかも」と思っている事実が、その言葉の正しさを証明していた。

「逆に言えば、そんなふうにやることを決めている人たちばかりということです。そんな人たちが、心から〝これをやりたい！〟と思ってる人に敵《かな》うわけがないんです。智也さんなら、大丈夫ですよ」

その言葉に、僕は大いに奮い立った。

アイデアを考えることが仕事になり、それで生きていけるのであれば、それはなんて素晴らしいことだろうか。そんな未来は、ＦＩＲＥ生活よりも輝いて見えた。

「嫌な仕事を頑張って、お金を貯めていつかＦＩＲＥするのではなく、ＦＩＲＥしたあとに自主的にやりたくなるような仕事を、今からやりましょうよ」

自分の進むべき道が、ほんの少しだけど、見えた気がした。

「小鉄、僕やってみるよ」

小鉄は僕を見上げて、ニッコリと笑った。そして、もう一度力強く言った。

「智也さんなら、絶対に大丈夫です」

僕に全幅の信頼を寄せてくれている。小鉄の言葉に胸の奥が熱くなった。両手で顔を撫でまわしてやると、小鉄もその手に頬をすり寄せた。

そしてこの日を最後に、小鉄は人の言葉をしゃべらなくなった。

第５章のまとめ

- 人は社会を作って助け合って生きている
- それゆえに「社会とのつながり」を実感できないと苦しい
- 仕事は最も簡単に社会とつながれる上に、かつお金も手に入る方法
- やりたい仕事は、「ついやってしまう行動」から考える
- ＦＩＲＥしたあとに自主的にやりたくなるような仕事を、今からやる

エピローグ

1万回生きたネコ

資産所得とやりたい仕事で生きる

それからの僕の毎日は、大きく変わっていった。

僕は思い切って企画職へと転職をした。未経験ということもあり、転職活動に苦労したが、ゲーム業界の小さな会社が僕の「アイデアを出すことが得意」ということと、過去のエピソードを評価してくれたのだ。

大企業にいた以前までと比べて安定感はないし、福利厚生も少ないし、給料も減った。仕事がずっと楽しい時間ということはないし、辛いと思うこともある。それでも僕は今までにない充実感を覚えていた。今の仕事がいつかＦＩＲＥしたあとの「やりたい仕事」につながっていくという実感があったからだ。

小さな会社というのも、僕の特性を活かすのに役立った。既存の業務に対して「もっとこうやったらどうだろう？」「これを組み合わせるのはどうだろう？」という提案をすると、それをすごく喜んでもらえるようになった。僕としてはつい考えてしまうことを伝えているだけなのだが、会社の人たちからは「すごくやる気がある」ように見えるらしい。

アイデアを出すためにはあらゆる情報が必要ということで、自分から進んで勉強をしたり本を読むようにもなった。すると、より評価されるので、さらにやる気が出るという好循環だった。

これは、副業の動画編集でも役に立った。もちろんただ単に作業さえやってくれればいいというクライアントも多かったが、いくつか仕事を受けたうちのひとつが、次々と編集の改善案を出す僕を面白がってくれて、編集だけに留まらず、動画自体の企画会議にも入れてくれることになったのだ。編集という枠組みにとらわれず、アイデアを出すのは楽しかった。

それならば、もう自分でやってみるのもいいかもしれないと思い、実際に自分のチャンネルの運営もはじめてみた。自分でやることを増やすものだから、どんどん忙しくなっている。

今までの「やらされていた仕事」とは違う。自分が主体的に「やりたい」と思える仕事で生きると決めただけで、こんなにも仕事に対する向き合い方が変わるものかと驚いた。

そして今の僕はＦＩＲＥを目指してはいない。

正確にはＦＩＲＥの「ＲＥ」は目指さずに、「ＦＩ」つまり経済的自立だけを目指している。僕の結論はこうだ。

「資産所得だけで生きる」これは難しい。

「やりたい仕事だけで生きる」これもまた難しい。

それなら「資産所得＋やりたい仕事で生きる」の合わせ技でいこうと考えたのだ。小鉄に学んだ通り、価値観を明確にして節約をし、出費を常に把握する。投資はするけれど、細かいトレードや投機はしない。そして、リスクは仕事で取る。

もちろん「資産所得＋やりたい仕事で生きる」だって、簡単な話ではない。でも、確実に理想の生活に近付いていけるし、何より遠い未来の話ではなく、今から動くことができる。

どうせ仕事はする前提なのだから、数千万円の資産がなくたって問題ない。月に数万円でも資産所得が積み上がっていけば、それだけリスクも取りやすくなって、より「やりたい仕事」に集中できるようになる。

投資がすごくうまくいって、金融所得だけで生活できるようになっても仕事は辞めないし、やりたい仕事だけで生活できるようになっても金融投資はやめない。

自分の人生をそうやって作っていこうと決めたのだ。

家に帰ったら毎日、今日あったことを小鉄に報告をするのが日課になっていた。小鉄はあれから普通のネコのように「ニャー」としか鳴かなくなった。そして、ほとんどの時間を眠って過ごしたが、僕が帰ってくると必ず起きて出迎えてくれた。

僕がその日のうまくいったことや、新しいアイデアについて話すと、小鉄は目を細めて「うんうん」と嬉しそうに頷いてくれた。

仕事が評価された日には煮干しを買って帰ったりもする。色々な煮干しを買ってみたが、結局小鉄にとってのナンバーワンは「伊吹いりこ」のまま不動だった。食欲がないときに出汁を冷まして与えてみたら、意外にも美味しかったらしく、あっという間に完飲した。それから、煮干しのスープは小鉄の定番メニューになった。

段々と長くなる小鉄の睡眠時間から、この日々がいつまでも続かないことは、わかっていた。

けれど、だからこそ、僕は毎日を無駄にしないよう充実させて、小鉄との時間も大切に過ごした。

ありがとうございます

「智也さん、残念ですが、どうやら、そろそろお別れみたいです」

薄明かりが空を染め始めた早朝、ベッド脇に現れた小鉄の声で、僕は跳ねるように飛び起きた。久しぶりに聞いた小鉄の言葉。その姿にはどこか儚《はかな》さが漂っていた。

僕はバクバクと鳴る心臓を落ち着けながら、そっと小鉄の横に腰掛けて、その頭を優しく撫でた。サラサラとした毛並みが心地いい。

小鉄の、1万回目の猫生が終わる。

ついにこの日が来てしまった。覚悟はしていたけれど、やはり、いざそのときになると息が詰まるようだ。

小鉄に終わりが近付いていると聞いたその日から、それはどこか遠く先の「いつか」の話で、実際に訪れるなんてことは考えないようにしていた。気の利いた返事が全く浮かばずに「そうなんだ」と言うことしかできない。

顎の下を撫でてやると、小鉄は気持ちよさそうに目を細めた。そのいつもと変わらない光景が、明日にはもうなくなってしまうという事実に胸が締め付けられる。何か、最後に小鉄にしてやれることはないだろうか？

「そうだ小鉄、煮干し食べる？」

できるだけ元気な声で僕は聞いた。「煮干し」という言葉で耳がピクリと動いたけれど、小鉄は優しい目でこちらを見上げながら言った。

「煮干しはありがたいのですが、ちょっと、食べられないかもしれません」

「そっか……」

「智也さん」

「なに、小鉄？」

「ありがとうございます」

まっすぐに僕を見つめながら小鉄は言った。

お礼を言いたいのは、僕の方だ。小鉄と出会って、色々なことを学ぶことができた。FIREやお金の話はもちろん、生き方にだってとても大きな影響を僕は受けたんだ。僕の人生が豊かになりつつあるのは、紛れもなく小鉄のおかげなんだ。

そう伝えたいのに、涙をこらえるのに必死で、ちっとも言葉にならなかった。

「智也さん、悲しまないでください」

「小鉄、いかないでよ」

「智也さん、わたしもできることなら、ずっとここにいたいです。でも、難しそうです」

申し訳なさそうにしている小鉄を、思わずそっと抱きあげる。首輪の鈴がチリンと音を立てて、小さな小鉄は僕の腕の中にすっぽりと収まった。暖かくて、柔らかくて、そしてとても軽かった。抱きしめていないと、いつの間にか消えてしまいそうで、僕は小鉄を手放さないように、優しく、でもしっかりと抱きしめた。

いつもは暴れてすぐに降りたがる小鉄も、安心したように目を閉じて僕の腕にすりっと頬を寄せた。

僕は立ち上がり、いつもの2人のソファに場所を移した。

「小鉄、僕は、君から教えてもらってばっかりだった」

「そんなことはないですよ」

「小鉄から教えてもらったこと、忘れないから。ありがとう小鉄」

「智也さん、わたしも本当に智也さんに感謝してるんですよ。こちらを向いてください」

小鉄に目を向けると、そのおでこがコツンと僕のおでことぶつかった。今までの小鉄の生きてきた日々が、頭の中に入ってきた。

小鉄（9歳）オス

わたし「小鉄」は、１万回生きたネコでした。

何にも縛られることなく、自由で、「個」として生きてきました。

何度も何度も繰り返し生きる中で、ニンゲンにお世話になることはあっても、彼らのことを仲間だとは思っていませんでした。誰かに拘束されるのは、とても煩わしいことです。恩義こそ感じてはいましたが、深い関係になりたいなどと思ったことは一度もありません。


何回死んでも、何回蘇っても、また別のネコとしての猫生が始まる。その事自体も、わたしにとってはどうでもいいことでした。ただ、何ものにも囚《とら》われず、自由でいること。わたしにとって重要なことはそれだけでした。


１万回目の猫生を受けたとき、それが少しだけ変わりました。今回のわたしは、いつもと違うことにすぐに気づきました。ニンゲンの言葉を話す力と、ニンゲンに過去を見せる力が備わっていたのです。

本能的にわかりました。これは、１万回も生きたわたしへの、神様からのボーナスでしょう。

これまでさんざん猫生を重ねてきていたので、ニンゲンの言葉を理解するのは簡単でした。聞き取りはもちろん、読むことだってできる。1万回も生きるというのは、そういうことです。


わたしの1万回目の生は、多摩川の河川敷で始まりました。段ボールの中でお腹を空かせながら、寒さに震えが止まらない。またこのパターンか、と今回の生に腹を立てました。

成猫としてレオナルド・ダ・ヴィンチに拾われ可愛がられたこともあったし、老猫としての余生を夏目漱石のそばで過ごしたこともありました。大人から始まる生のときは恵まれた境遇のケースが多いのに、なぜか子猫スタートの場合は苦難が伴います。

とりわけ段ボールで目覚めるパターンは最悪でした。誰かに発見してもらえなければその場で終了。カラスに襲われたり、そのまま弱っていくだけだったり、数日後には悲惨な末路が待っています。

わたしは自由を愛していますが、子猫というのはとても難儀で、大人になるまでの数ヶ月、誰かに頼らなければ生きていけません。戦々恐々としながら、必死に鳴きました。誰かに見つけてもらうために。

突如、段ボールの中が光に包まれました。

「また随分ちっちぇーなぁ」

覗き込んできたのは白髪の老人でした。

抱き上げられ、老人と目が合いました。まだわたしの目はよく見えませんが、1万回目の猫生経験で培《つちか》った勘が、この人は大丈夫と告《つ》げていました。

「この間死んだばかりなんだがなあ……」

老人がわたしの頭を撫でました。おそらく、飼っていた猫が亡くなったばかりなのでしょう。抱き方や撫で方が、とても猫慣れしていました。

わたしは、必死に鳴きました。頼むから、ここから連れて行ってください、と。

「しょうがねえなあ……」

老人がわたしをジャンパーの胸元に入れました。

「助かりました……」

わたしの思いが口を突いて出ました。それはニンゲンの言葉でした。

ふと意識が戻った。小鉄は僕の膝の上で丸くなっている。

「すみません、過去を共有できる時間が短くなってきているようです」

小鉄が僕を見上げて申し訳なさそうに言う。

「無理しないで」

と言って僕は小鉄の背中を撫でた。

「それにしてもさ、急にしゃべったらご老人、驚いたんじゃない?」

「はい、段ボールに戻されそうになりました」

「そりゃそうだ」

「せっかくニンゲンの言葉をしゃべれるようになったのだから、伝えたいことはたくさんあったのです。お腹が空いたとか、寒いとか。でも、そんな奇妙な猫、飼いたくないですよね?」

「うん、怖すぎるしね」

「それで、猫らしく鳴いて訴えました。これまで何度も段ボールの中で死んできた。もうあんな経験はこりごりだ。頼むから連れて帰ってくれ——」

小鉄は、鳴いて鳴いて鳴きまくった。そのとき、老人のおでこと小鉄のおでこがぶつかった。

「静電気のような違和感がパチンと走って、わたしの段ボール生活の過去が老人の脳に流れ込んでいくのを感じました。老人はしばらく放心していましたが、やがて涙を流しながらわたしに言いました。『わかった、もうお前を死なせない』。どうやらわたしは、ニンゲンとしゃべる能力に加えて、過去をニンゲンに見せる能力も備わったようでした」

その能力のおかげで、僕は色々なFIRE生活のリアルを知ることができた。そう思うと、この力で一番助かったのは僕かもしれないな。

「そして、宮島《みやじま》さんとの生活が始まりました」

「宮島さん？」

「ええ、〝小鉄〟の名付け親です」

「ああ、任侠映画が好きで、登場人物から名付けられたって言ってた――」

「ええ。この首輪も宮島さんがつけてくれました」

窓の外で小さく鳥が鳴き始めた。小鉄が窓に顔を向け目を細めている。今にも閉じてしまいそうだ。

「小鉄……？」

「まだもう少し大丈夫です」

小鉄は窓に顔を向けたまま言う。僕は小鉄の背中を撫で続けた。小鉄の喉がゴロゴロと鳴っている。

「宮島さんとも、よくこうしてソファで過ごしました。早起きの宮島さんは、コーヒーを飲みながら新聞を読むのを習慣にしていました。わたしは隣で横になり、窓の外を眺めていました。とても平和な日々でした。何も干渉してこない宮島さんのもとで、わたしはわたしの自由を謳歌しました」

小鉄の細めた目が昔に思いを馳せているように見える。

しかし、平和な生活は終わりを告げた。宮島さんが亡くなったのだという。

「心筋梗塞での急死でした。わたしをどうするかで、遺族は揉めていました。保健所という言葉が聞こえたので、わたしは慌てて家を飛び出しました」

「誰かが飼ってくれなかったの？」

「飼いたがる人はいませんでした。住宅事情が許さなかったのでしょう。過去に保健所に捕まった生もありましたが、あそこは最悪です。自由とは対極の場でした。わたしは次なる生活の場を求めて、旅に出ました。生を受けた多摩川沿いを歩き、時には住宅街に入り、生ごみを漁《あさ》り、公園のベンチで夜を明かしました。

そして3日後、智也さんに出会ったのです」

小鉄がゆっくりと体を起こして、前足を僕の肩にかける。

「これで最後です」

小鉄のおでこが僕のおでこに優しくくっついた。


もうすっかり日も沈んだ公園のベンチの下で、わたしは眠っていました。

すると、コンビニ袋を提げた若い男がとぼとぼと歩いて来るのが見えました。

警戒しましたが、わたしには全く気づいていない様子です。

男はブランコに腰かけると、袋から缶ビールを取り出して飲み始め、つぶやきました。

「ああ……仕事辞めてえ」

あんなミスを繰り返すなんて。でも、あんなに怒らなくてもいいのに。ああ、明日会社に行きたくない。隕石早く落ちてくれ。

ひとしきり呪詛《じゅそ》の言葉を吐いた後、男は飲み終えた缶を握りつぶして袋に入れ、公園を後にしました。

わたしは男の後を尾《つ》けることにしました。首の鈴が鳴らないよう、ゆっくりと。

「仕事を辞めたい」と男は言う。

しばしば同じような愚痴をニンゲンたちから聞いてきました。不思議なもので、それでも人間は働きます。そうしなければお金が稼げず、お金が稼げなければ食べていけない。ネコが狩りをしなければ生きていけないのと同じです。これまで何度も野生を強《し》いられてきたので、獲物を探し続ける困難は身に染みています。

しかし、わたしはそれが嫌ではありませんでした。

生きるも死ぬも、自分次第。誰にも縛られない自由がそこにはあります。

ニンゲンは生存のために働く。しかしネコと違ってそこに自由はない。金銭的な束縛はもとより、社会的な束縛もあるようです。

不自由だ。とても。

不思議だ。じつに。

「明日奇跡が起きて、ＦＩＲＥできないかな」

男がつぶやきました。

ＦＩＲＥ、Financial Independence, Retire Early。

今までの飼い主の中にも、同じ目標を抱いていたニンゲンは多数いました。成功も失敗も、幸福も不幸もたくさん見てきました。結果は置いておいて、いつも同じ疑問が湧いてきます。

果たして、ニンゲンの言う仕事ってなんだろう？

生死をかけた本能に基づく活動以外、ネコであるわたしには理解できません。

なぜ不自由を強いられてまでして、働くのでしょう？

働くことから自由になるためにＦＩＲＥを目指すのに、なぜ達成しても自由になれないのでしょう？

猫生1万回目にして、チャンスが巡ってきたと思いました。

今回のわたしはニンゲンの言葉を話すことができる。湧いた疑問を、投げかけることができる。そして、わたしの頭の中には、素材にできるサンプルが集積している。これを見せながら、お話しすることができる。積年の謎が氷解するかもしれません。

わたしも1万回生きてきました。先輩には100万回生きたネコもいますが、わたしに次があるかどうかはわかりません。次があったとしても、しゃべれるかどうかはわかりません。この機会を逃してはならないと、そう思いました。

男が集合住宅の中に入りました。３階建てのマンション。ドアを開け閉めする音が響いて、２階のある部屋の電気が点《つ》きました。街路樹を登れば、２階までいけそうです。

「え、もしかして、明日も仕事……？」

ベランダに降りたところで、部屋で男がそう嘆《なげ》くのが聞こえました。幸い、男は鈴の音に気づかなかったようです。仕事のことで頭がいっぱいなのかもしれません。

男はベッドに横になり、スマートフォンを見始めました。そこに映っているのはネコ動画。最終的には犬の動画を見ながら涙を流していました。我々に友好的なニンゲンのようです。

よし。明日も来てみましょう。それでもまだ仕事について悩んでいるようだったら、話しかけてみましょう。きっと、有意義なお話ができるに違いない――。

そして、わたしは智也さんに話しかけました。

ごめんなさい。

最初は興味本位でした。ニンゲンの言う仕事って何だろう、という長年の問いを考えるのに、ぴったりだと思っていました。

でも智也さんと話しているうちに、わたしの気持ちにも変化が生まれてきました。

ニンゲンはなぜ働くのか。

お金を稼いで生きるため。

どうやら、それだけではないようです。

他人のために働けるのがニンゲンと他の生き物との違いのようです。そして、それはニンゲンの本能なのだとわたしは思いました。

他者とつながり、他者の喜びを自分の喜びに変換できる。

それがニンゲンの特質なのです。

わたしにはずっと、その気持ちがわかりませんでした。なんせ、ネコですから。

でも今回の生では少しだけ、猫の領分を踏み越えたような気がしています。

わたしは智也さんのことを、心の底から応援していました。智也さんの仕事が、智也さんを幸せにしてくれることを、心から祈っていました。

智也さんが、段々と自分の人生を取り戻していくことが、充実した毎日を過ごしていることが、まるで自分のことのように嬉しかったのです。

智也さんが幸せになると、わたしも幸せになりました。

個を重んじるネコにあるまじき心境です。

智也さんとの日々が、わたしに変化をもたらしたのだと思います。

智也さんからいただいた煮干しのことを、わたしは忘れることはないでしょう。

これまで何度も与えられてきました。

でも、智也さんからもらう煮干しは格別でした。

わたしの話を覚えてくれていて、私のためを思って買ってきてくれた。

そんなことで、心が温かくなりました。

何度も生を受けることは幸せなのかどうか、これまで何度も考えてきました。

今までの9999回の最期《さいご》は、いつも必ず、とても冷たくて、何もかもがなくなっていくような、虚しい感覚だったのに。

1万回目の最期は、心の奥から、温かい気持ちに満たされていく。

1万回も生きてみるものですね。

智也さんありがとう。こんな気持ちを教えてくれて。
本当にありがとう。

ハッと目が覚めると、静かな部屋にいるのは僕一人だった。涙が頰を伝って、静かに流れ続けている。

腕の中にいたはずの小鉄はその温もりだけを残して、跡形もなく消えてしまっていた。

朝日が部屋に満ち、柔らかな光に包まれながらも、心には深い空虚感が残っている。でも、それ以上にあたたかい気持ちが、小鉄を通じて僕の胸の奥に火を灯《とも》していた。

僕は涙を拭って立ち上がり、窓を開けて、深く息を吸い込んだ。そういえば、小鉄と初めて出会ったのは、この窓辺だったっけ。僕の愚痴をこっそり聞いていたなんて、笑えるな。

朝日の眩《まぶ》しさに目を細めながら、小鉄との日々をゆっくり嚙み締める。

小鉄との日々は、短いながらも充実していた。

小鉄との日々は、とても楽しいものだった。

そして、小鉄の教えは、僕の人生を幸せにする。

それは、これから僕が証明していかないといけないことだった。小鉄のことを知っているのは僕だけだ。誰かに「1万回生きた、しゃべるネコが幸せになる方法教えてくれたんだよね！」と言っても鼻で笑われるだけだろう。

彼が僕のために様々なことを教えてくれた日々を、意味のあるものにするためにも、僕は必ず幸せになると、改めて誓った。

「それじゃ、今日も頑張るからね」

もう一度だけ涙を拭って、わざと明るい声を出してからキッチンへ向かう。

朝食の味噌汁は、煮干しで出汁でもとることにしよう。

朝の爽やかな風がカーテンを揺らす。

チリン、と澄んだ音が、部屋に広がったような気がした。

あとがき

とにかく、自由がほしかった。

週5日もある会社勤めが嫌で嫌で嫌で仕方なかった。

毎日決まった時間に出社して、やりたくないようなことをやる日々から、なんとか抜け出したかった。

高級車も高級時計もタワマンもブランド物もいらない。

ただただ、自由がほしい。

そのために、何よりもお金が必要だと思った。

お金さえあれば、今働いている会社から抜け出して、自由になれる。

そして自由になれば幸せだと、そう思いこんでいた。


筆者であるわたし「ヒトデ」は２０２０年、副業で始めたブログ運営をきっかけに、29歳にして運良く経済的自立を果たし、ＦＩＲＥを実現した。

はじめは最高に嬉しかったし、楽しかったし、素晴らしいことだと思った。自由を満喫して、趣味を満喫して、旅行を満喫して、たくさん遊んだ。

でも、段々とそれだけでは最高の人生にならないことがわかってきた。

ＦＩＲＥの「ＦＩ」の部分、つまり経済的自立は、できるに越したことはない。若くして達成するのは難しいけれど、達成できたのであればいいことばかりだ。

しかし「ＲＥ」これは曲者だ。「ＦＩ」と違って、「できるなら全員したほうがいい！」とは言い切れない。筆者自身、会社員時代の経験が辛すぎて、ＲＥは最高だし、二度と仕事なんてするものか！　と思っていたけれど、これは大きな間違いだった。

ＦＩＲＥを実際にした今なら、自信をもって言い切れる。ほとんどの人間にとって「仕事」は必要だ。

筆者に限らず、自分の周りには数多くの若くしてＦＩＲＥをした友人たちがいるが、全員が数年のうちに結局なにかしらの「仕事」をしているのが、その証拠だろう。（筆者もこうして今、仕事として本を書いている）

でもそれは、ただの仕事じゃだめだ。「楽しさを感じられる、主体的に取り組みたい仕事」これこそが最高の人生には必要だ。

というか、それさえあればＲＥなんて必要ない。多くのＦＩＲＥした人と話をしてきたが、彼らの抱える問題のほとんど（金銭面の不安、社会とのつながり、生きる意味、孤独、人間関係、社会貢献、ｅｔｃ．）は「楽しさを感じられる、主体的に取り組みたい仕事」さえあれば解決する。

とにかく仕事が嫌で嫌で仕方なく、そのために努力してＦＩＲＥを達成した自分が、実際のＦＩＲＥ生活を経てたどり着いた結論が「楽しい仕事が必要」だったのは笑えてしまう。

でも、同時に思った。

じゃあ「ＦＩＲＥ」って、目指す方向性としては違うんじゃないか？　と。

並々ならぬ努力をしてＦＩＲＥを達成したあと、結局虚無感に苛《さいな》まれて、仕事を始めるのであれば、はじめからＦＩＲＥ後にやるであろう仕事で食えるようになる方法を、並々ならぬ努力で探すほうがよいのではないだろうか？

もちろんこれは、実際に体感した今だからこそ言える事だと思う。会社員として辛い毎日を送り、そこから脱するためにＦＩＲＥを志《こころざ》していたころの自分にそんなことを言っても、おそらく聞き入れなかっただろう。

それでも、先にこのことを伝えられていれば、無駄な回り道を減らすことができたかもしれない。そう思って、本書の筆を取った。

誤解してほしくないのは、資産を積み上げていくこと自体は無駄ではないということだ。心の余裕や、やりたくないことをやらない選択肢を得ることができる。資産所得があるという後ろ盾は言うまでもなく強力だ。

（それに、クソみたいな会社に勤めなくてもいい爽快感と解放感は唯一無二！）

でも、これはあくまで後ろ盾であり、保険であり、防具だ。

守っているだけでは、自分の人生は最高なものになっていかない。

もちろん、まずは守ってからと言いたくなるのはわかる。でも、同時に刃《やいば》を研《と》ぐことだけはしておいてほしい。

その刃が「好きな仕事をする」ということだ。

あなたがＦＩＲＥを達成したとして、３年くらい好き勝手に遊んで、旅もして、遊び疲れた頃に、やりたくなる仕事はどんなことだろうか？　それは果たして、ＦＩＲＥを達成したあとじゃないと本当にできないことだろうか？

副業としてでもいいし、いきなりお金にしなくてもいい。趣味から始めてみるのもいい。

とても小さなことからでいい。

是非、本書を閉じたあとに、そのことを真剣に考えてみてほしい。

あと、既にＦＩＲＥ達成したけどなぜかモヤモヤしてる。って人は、相談に乗るから連絡してね。

この本を手にとって頂いた皆様の人生が最高なものになることを、心から祈っています。

そんな感じ！　おわりっ
２０２４年８月　ヒトデ

カバー・本文イラスト
水沢そら

ブックデザイン
アルビレオ

ヒトデ

1991年愛知県生まれ。株式会社HFの代表取締役。

趣味で始めたブログがきっかけで人生が激変。最高158万PV/月を記録し、2021年にFIRE達成。最高ブログ収益は月間2500万円。累計ブログ収益は5億円以上。完全初心者のためのブログの始め方講座「hitodeblog」をはじめ、複数のサイトを運営。名古屋でブロガーのためのコワーキング「ABCスペース」を経営する。著書に、『嫌なことから全部抜け出せる 凡人くんの人生革命』『「ゆる副業」のはじめかた アフィリエイトブログ』がある。

1万回生きたネコが教えてくれた
幸せなFIRE

2024年9月30日　第1刷

著　者　ヒトデ
発行者　小宮英行
発行所　株式会社徳間書店
〒141-8202 東京都品川区上大崎3-1-1 目黒セントラルスクエア
編集 03-5403-4349 販売 049-293-5521 振替 00140-0-44392
本文印刷　本郷印刷株式会社
カバー印刷　真生印刷株式会社
製本所　東京美術紙工協業組合

ISBN978-4-19-865877-9